KB077357

**사장을 위한
언택트 시대의 커뮤니케이션**

CEO의 서재 · 26

UNTACT

사장을 위한
언택트 시대의
커뮤니케이션

사장은 이제 어떻게 말하고
무엇으로 소통해야 하는가

COMMUNICATION

김은성 지음

센시오

사장은 이제
새로운 커뮤니케이션을
익혀야 한다!

2020년 1월, 설 연휴를 앞두고 신종 코로나 바이러스 특보를 진행했다. 코로나19로 명명되기 전 신종 코로나 바이러스로 불릴 만큼 낯선 질환이었다. 당시 중국 후베이성의 우한을 중심으로 바이러스가 전파된 시점이었다. 특보의 내용은 우한 방문자와 방문 예정자를 위한 지침이 주를 이루었다. 사실 우리나라와는 먼 이야기처럼 들렸다.

그런데 설 연휴가 지나고 우리나라에서도 확진자가 나오더니, 급기야 그 숫자가 폭증하기 시작했다. 이에 모든 언론사들은 코로나19 특보 체제를 갖추었다. 내가 속한 KBS에서 '코로나19 통합 뉴스룸'이라는 타이틀로 24시간 대비 특보를 시작한 것은 3

월 4일이었다. 하지만 여름이 다 끝나가도록 특보는 계속되고 있다. 나 역시 특보 담당으로 최일선에서 코로나19 소식을 전하고 있다.

코로나19는 우리 예상을 뛰어넘어 우리의 삶 자체를 바꾸는 중이다. 학생들이 바이러스 때문에 한 학기 동안 학교를 제대로 가지 못한 것은 역사상 최초의 일이다. 선생님과 친구들 만날 날을 기대하던 아이들은 새 학기의 첫 인사를 컴퓨터 화면을 통해 나누었다. 대학 기관도 상황은 마찬가지였다. 개강 연기와 온라인 개강을 거쳐 결국 대부분의 대학은 1학기 전체 비대면 수업 및 시험을 택했다. 우리의 직장 역시 큰 변화를 맞았다. 확진자가 나온 회사는 일시적으로 폐쇄됐고 재택근무를 시행하는 회사가 증가했다.

전문가들은 예측하기를, 백신이 나오기 전까지는 완전한 일상으로 돌아가기 힘들 것이라고 말한다. 문제는 이 백신이 언제 개발되어 일반에 제공될지 확실치 않다는 데 있다. 이제 코로나19는 종식의 문제가 아닌 관리의 문제로 전환된 듯하다. 마치 완치가 안 되는 당뇨병처럼 말이다.

마스크를 착용하지 않으면 대중교통을 이용할 수 없고, 확진자의 동선은 전 국민에게 실시간으로 공개된다. 공공기관과 기업에서는 재택근무를 지원, 확대하는 방향을 모색하고, 공연은 연기와 취소를 반복하다가 온라인 채널로 대중을 찾아왔다. 우리 생활의 변화는 현재진행형이다.

일상에서 사람들과 접촉하는 '만남의 방식'에 대해서도 고민해야 하는 시기를 맞이했다. 종교 모임, 병원과 요양원, 콜센터, 클럽, 노래방, 운동 시설, 물류센터까지 누구든지 흔히 스쳐 지나갈 만한 장소에서 감염의 연결고리가 이어지고 있다. 이런 시기에 '내가 만약 코로나19 확진 판정을 받는다면?'이라는 생각에 두려움이 앞선다. 지금껏 겪어보지 못한 '신종' 위험에 처했다는 사실이 여전히 당혹스럽기만 하다.

우리가 맞이한 이 '뉴노멀(New Nomal)' 시대는 새로운 기준, 새로운 일상이 시작되는 시대다. 그동안 정상이 아니라고 여겼던 일들이 이제는 그래야 마땅한, 정상적인 일이 되어버렸다. 그리고 그 기저에는 '언택트', 비대면이라는 키워드가 자리 잡고 있다. '만났다'라는 개념 자체가 현재 새롭게 정립되는 중이다. 앞으로는 직접 얼굴을 보는 접촉뿐 아니라 영상 등을 통한 비대면 접촉도 '만남'의 범주에 들어갈 것이다.

요즘은 엘리베이터 안에서 지인을 만났을 때, 대개 가벼운 눈

인사나 목례로 인사를 나눈다. 수백 년 전 잉글랜드에서는 손에 무기가 없다는 것을 증명하기 위해 악수로 인사했다. 타인과의 직접 접촉을 통해 신뢰감을 쌓는 안전한 인사법이었다. 그러나 올해 초 잉글랜드의 프리미어리그에서는 킥오프 전 악수를 금지하는 방침을 내렸다.

언택트 시대, 이제 악수의 의미도 달라진다. 수백 년 전의 악수에 비해 지금의 악수는 더 큰 위험을 감수해야 하며, 상대방을 향한 신뢰의 무게는 그만큼 크고 강력해질 것이다. 누군가를 만났을 때 두 사람이 약속이라도 한 듯 웃으며 악수를 나눈다면, 서로가 서로를 신뢰한다는 하나의 퍼포먼스가 되리라.

악수의 의미가 변화하듯 우리의 관계도 변화가 불가피하다. 낯선 다수에 노출되는 상황은 최대한 피하고, 검증된 사람과만 만나는 끼리끼리 문화가 자리 잡아가고 있다. 이처럼 우리는 선택과 변화의 시대에 살고 있지만, 한 가지 분명한 것은 우리가 소통의 단절을 선택할 수는 없다는 사실이다. 위험과 불확실성이 만연한 상황에서도 인간을 인간답게 만드는 소통은 계속되어야 한다. 문제는 방식의 변화다. 이 변화를 어떻게 받아들이고 어떻게 적응할지가 중요하다.

비대면이 일상화되고 사람을 선택적으로 만나는 언택트 시대에 어떤 커뮤니케이션을, 어떻게 해야 효과적일까? 이전에는 충분한 시간을 들여 상대를 탐색하고 친밀감과 신뢰를 쌓는 과정이 중요했다. 상대방의 이야기를 귀 기울여 듣고 공감하는 태도가 커뮤니케이션에서 빼놓을 수 없는 요소였다. 그러나 이제는 한 번 만났을 때 효과적으로 라포(rapport, 상호 신뢰관계)를 형성해야 한다. 제한된 상황에서 의사 전달력을 높이기 위한 방법 또한 이전과는 달라야 한다.

만남이 줄어들면서 효과적인 커뮤니케이션 방법은 역설적으로 막중해진 셈이다. 여기서 리더의 역할은 한층 더 중요하다. 기업의 CEO와 각 조직의 수장들은 이제 옛날 방식의 커뮤니케이션으로 조직을 원활히 이끌 수 없다. 언택트 시대의 해체된 개개인들, 새롭게 부상한 Z세대의 문법을 이해하지 못하고서는 구성원들의 마음을 움직이지도, 그들을 하나의 방향으로 이끌기도 힘들 것이다.

이 책은 급변하는 언택트 시대에 리더들이 반드시 이해해야 할 새로운 커뮤니케이션에 관해 이야기하는 책이다. '컨택트'만큼이나 효과적이고 깊이 있는 언택트 커뮤니케이션의 노하우는 무엇인가? 빈도 대신 밀도가 중요해진 대면 만남은 이전과 어떻게 달라져야 하는가? 이 책에서 그 답을 찾을 수 있을 것이다.

SERI CEO에서 10년 넘게 커뮤니케이션 강연을 하면서, 또 수많은 기업 CEO와 임원들을 만나 일대일 코칭을 하면서 한 가지 느끼는 것이 있다. 새로운 시대의 언어에 대해 필요성을 인식하고 적응하고자 하는 리더들은 예상치 못했던 변화를 그저 비관적으로만 바라보지 않는다는 사실이다. 이들은 이전에 시도하지 못했던 소통의 방식에 도전하고 또 다른 기회를 포착한다.

언택트 커뮤니케이션의 시대. 이전과는 다른 방식, 다른 각도일지라도 우리는 충분히 활기차고 깊이 있는 관계를 만들어낼 수 있다. 변화를 빠르게 받아들이고 새로운 시대에 걸맞은 커뮤니케이션에 대비하는 리더들이 조직을, 그리고 세상을 최선의 방향으로 나아가게 만들 것이다.

contents

1장 언택트 시대, 기존의 소통 방식은 버려라

2장 언택트 시대는 마스크 시대, 마스크 너머의 사람을 읽어라

7장 언택트 시대에 사장에게 필요한 건 바로 '눈치'다

1장

언택트 시대,
기존의 소통 방식은
버려라

일상이 된 언택트, 한 번의 컨택트

언택트 시대는 센스의 시대

KBS 방송국에는 명물 구름다리가 하나 있다. 보도국이 있는 신관과 아나운서실이 있는 본관을 연결하는 다리인데 하루에도 수많은 사람들이 이 공간을 통해 이동한다. 예전에는 오가다 마주치는 동료들과 잠시 멈춰 서서 이야기를 나누는 담소의 공간이기도 했다. 그런데 코로나19가 덮친 이후엔 마스크를 쓴 채 빠른 걸음으로 저마다 갈길 가기에 바쁘다. 여유롭던 공간이 이제는 잰 발자국 소리만 드나드는 삭막한 공간으로 변해버렸다. 사실 다들 마스크를 쓰니까 누가 누구인지 알아보기도 쉽지 않다.

어느 날 뉴스를 마치고 아나운서실로 가기 위해 구름다리를 건너는데 저기 멀리서 누가 손을 들며 반갑게 나를 부르는 모습이 보인다. 자세히 보니 후배였다.

"선배님. 요즘 특보 때문에 고생 많으시죠? 어떻게 지내세요?"

기분 좋게 인사를 나눈 후 갑자기 궁금해졌다.

"근데 어떻게 날 알아봤어? 마스크 쓰고 멀리 있었는데?"

그 후배는 이렇게 말했다.

"아이 왜 몰라요. 옷 스타일이랑 걸음걸이 보니 딱 알겠던데요."

이 후배 참 센스 있다는 생각을 했다. 언택트 커뮤니케이션 시대는 센스의 시대다. 마스크로 얼굴 절반을 가려도 눈치 있게 알아보고, 대화를 해야 할 때와 그렇지 않은 때를 구분하는 감각이 필요하다. 예전처럼 숱한 만남 속에서 다양한 관계를 만들고 상대를 차근차근 알아가기는 어려운 시대가 왔다. 이제 잘 모르는 사람이나 중요하지 않은 사람과의 만남은 줄이고 꼭 필요한 만남, 의미 있는 사람과의 만남만 이어가게 될 것이다.

수십 명이 한자리에 어울리는 동기, 동창 모임이나 회식은 당분간 어려울 듯하다. 대신 소규모의 지인 모임으로 만족해야 한다. 그마저도 긴 시간, 잦은 만남은 아마도 어려울 것이다. 그럼에도 우리는 만나야 한다. 비대면 솔루션 기술이 아무리 좋아졌다

하더라도 얼굴을 마주하는 만남을 대체할 수 없다. 그 짧은 만남 동안, 센스를 발휘해 상대방을 파악하고 상황에 적절히 대처하며, 기분 좋은 여운을 남기는 것이 어느 때보다 필요하다.

이제 옛날 지도는 버려라

요즘 사람들은 차에 타는 순간 습관적으로 내비게이션을 켠다. 내가 운전대를 잡고 있는 순간에도 내비게이션은 실시간 교통 상황을 반영해 최적의 길을 찾아주고, 목적지까지 걸리는 예상 시간을 계산해 알려준다. 물론 '길 눈치'가 밝은 사람들은 때로 직관이 내비게이션을 앞서기도 하지만, 이것이 상당히 유용한 도구임은 분명하다.

요즘 20대는 상상도 못하겠지만 내가 대학 시절 운전을 처음 시작했을 때는 내비게이션이라는 게 없었다. 대신 두꺼운 백과사전처럼 생긴 도로지도를 차마다 한 권씩 가지고 있었다. 길을 나서기 전 그 도로지도 책을 찬찬히 훑어본 후 경로를 직접 찾곤 했다. 간혹 지방으로 내려가거나 낯선 길에 들어섰을 때 지도에 길이 표시되어 있지 않아 낭패를 겪는 경우도 드물지 않았다.

우리가 겪는 '뉴 노멀(시대 변화에 따라 새롭게 떠오르는 기준, 또는 표준을 뜻하는 말)'의 시대는 그렇게 없는 길을 가는 것이라 생각한다. 한 번도 경험해보지 못한 새로운 길을 떠나는 것이다. 우리는 그동안 어떤 문제가 생기면 과거에 집중했다. 과거의 사례를 통해 통찰을 얻고자 했다. 하지만 역사든 인문학이든, 과거의 패러다임으로는 미래를 예측하는 데 한계가 있다. 왜냐하면 지금의 이 사태는 우리의 예측을 뛰어넘는, 한 번도 경험해 보지 못한 미래이기 때문이다.

어쩌면 코로나19는 미래에서 온 신호일지 모르겠다. 그동안 사스와 에볼라, 메르스 등 여러 가지 바이러스가 인간에게 계속 신호를 보냈지만 우리는 무시했다. 급기야 코로나19라는 초강력 메시지는 우리 삶을 통째로 바꾸어놓았고, 뉴 노멀 시대를 초래했다. 이제 도로지도 책을 버리고 내비게이션을 켜야 할 때다. 즉, 실시간 정보와 미래를 예측하는 능력이 필요해진 것이다.

관계라는 것은 상당히 복잡한 변수에 의해 움직인다. 어떤 만남이든 내가 미리 생각한 대로 이루어지지 않는다. 하물며 언택트 시대는 어떨까. 영상 속, 혹은 수화기 너머 상대의 의도와 마음을 읽어야 한다. 사람을 직접 만날 때도 마찬가지다. 누군가와 얼굴을 마주할 때의 부담, 마스크 너머 숨은 얼굴이 주는 위화감을 이겨야 한다. 길지 않은 시간 동안 정보를 파악하고 감정을 충분히 교류하는 능력이 필요하다. 그것이 바로 센스이며 눈치다.

느긋하게 만남을 즐기는 시대는 어쩌면 쉽게 오지 않을지도 모른다. 때문에 온라인상의 만남이든 대면 만남이든, 거의 모든 상황에서 재빠르게 분위기를 감지하고 반응하는 일이 더 중요해졌다. 단언컨대 앞으로는 센스의 시대, 눈치의 시대가 될 것이다.

만나기 힘들수록 '만남의 지혜'가 필요하다

|

언택트 시대에 업무상 만남의 주된 형태는, 화상 미팅과 회의를 통해 의견을 교류하고 기획하는 방식이 될 것이다. 즉, 비대면의 일상화다. 역설적으로 이 때문에 대면 만남은 한층 더 중요해질 것이다. 영상 미팅으로 채워지지 않는 라포(의사소통에서 사람 사이에 형성되는 친밀감 또는 신뢰관계를 뜻하는 심리학 용어)를 형성하기 위해서라도 최소한의 대면 만남은 필요하다.

일단 만난 후에는 제한된 시간 안에 빠르게 라포를 형성하고 상대방의 니즈를 파악해야 한다. 오랜 시간에 걸쳐 만남의 횟수를 늘려가며 서서히 공감을 얻고 신뢰를 쌓아나가는 방식은 이제 거의 불가능하다. 첫 번째 만남에는 가벼운 인사를 나누고 두 번째, 세 번째 만남에서 점차 깊은 배경과 정보를 공유하다가 마지막에 목적을 성취하는 시대는 이제 옛날이 되었다. 그때 중요했던 키워드가 '공감'이었다면, 이제는 '명확함'과 '호감'이 커뮤니케이션에서 더 중요한 가치를 지니게 되리라 예상한다.

언택트 시대의 커뮤니케이션은 더 효과적이고 명료해야 한다.

감정에 호소해 마음을 움직이는 방식보다는 상대의 니즈를 순발력 있게 파악할 줄 아는 사람이 유리하다. 이제 우리는 마스크를 쓰고 시간의 제약 아래 효과적인 커뮤니케이션을 끌어내야 한다. 그렇기에 명확성은 최우선 가치가 될 수밖에 없다. 전달하는 방식도, 전하는 내용도 군더더기 없이 또렷해야 한다.

또 한 가지 중요한 키워드는 '호감'이다. 비대면의 장벽을 극복하고 만남을 지속하기 위해서는 상대방이 나에게 충분한 호감을 느껴야 한다. 짧은 만남이지만 다시 만나고 싶은 사람과 그렇지 않은 사람은 분명히 갈린다. 그래서 호감과 매력은 언택트 시대에 또 다른 강력한 무기가 될 것이다. 예전에는 특별한 준비 없이 약속을 잡고 일단 사람을 만났다면 이제는 철저한 준비가 우선되어야 한다. 그런 노력이 이 만남에 얼마나 성의를 보이는지, 진정성이 있는지를 말해주는 잣대가 될 것이다.

앞서 강조했듯이 비대면의 일상화는 결국 대면 만남에 특별함을 더할 것이다. 조금 어려운 말로 표현하자면, 대면과 비대면의 하이브리드(완전히 다른 두 가지 요소가 혼합되어 고가치의 새로운 것을 만들어낸다는 의미) 일상이라 할 수 있으리라. 인류의 역사는 도전과 그에 대한 항전으로 이루어져 왔다. 이제는 우리가 한 번도 가보지 못한 길을 가야 한다. 미리 생각하고 준비하는 사람만이 불안함과 위험이 일상이 된 사회에서 생존할 수 있으며 주도적으로 삶을 이끌 수 있다.

인간은 인간과의 만남을 통해 존재를 확인받는다. 만남을 통해 감정이 움직이고, 생각이 달라지며, 하루하루를 또 다른 풍경으로 물들인다. 우리는 그렇게 진화의 과정을 거친다. 그래서 마음껏 만날 수 없다는 사실은, 그만큼 만남의 지혜가 필요한 시기라는 의미이기도 하다.

코로나 시대에 강조되는
리더의 역량

치열하게 배우고 대비하라

나는 '국내 스피치 커뮤니케이션 박사 1호'라는 타이틀을 달고 있다. 올해로 11년째 각계 리더들이 모인 SERI CEO에서 온라인 강의와 조찬 강연, 스피치 코칭, 대중 강연 등을 진행하고 있다. 한편으로는 기업 CEO와 임원들을 일대일로 만나 코칭을 하기도 한다. 워낙 다양한 분야의 구루를 만나다 보니 코칭은 내가 하지만 얻는 것도 상당하다.

그들에게서 배운 '리더의 역량' 중 하나는 미래를 예측하고 대비하는 것이다. 이들은 무엇보다 배우려는 열망이 강하다.

내가 만난 CEO와 임원들은 아침 시간을 허투루 보내는 경우가 없었다. 출근을 일찍 할 뿐만 아니라 이른 아침 시간을 이용해 다양한 수업을 듣는다. 코칭도 아침 7시에 시작하는 경우가 많아서 내가 컨디션 관리를 해야 한다. 그들은 또한 부지런한 정보 수집가다. 폭넓게 정보를 수집하고 그중에서 의미 있는 분야는 깊게 파고든다. 코칭 시 다양한 사회적 이슈에 대해 이야기를 나누게 되는데 탄탄한 이론과 지식에 놀라는 경우가 많다. 다양한 정보를 수집하고 분석하는 습관이 미래를 예측하는 직관력에 큰 도움이 되리라는 것은 자명하다.

코로나 발생 직전이었던 2019년 11월, 00전자 임원을 코칭했을 때 일이다. 그 임원은 중국 공장 이전에 관한 문제를 CEO에게 보고해야 했다. 향후 다른 공장도 더 적극적으로 이전해야 한다는 내용이었다. 관련 내용을 보니 해박한 정보를 바탕으로 한 설득 포인트가 놀라웠다. 대외비라 구체적으로 밝힐 수는 없지만 중국 내부의 불확실성에 대해 명확한 근거를 확보하고 있었다. 코로나 시국인 지금 생각해보면, 미래를 내다보았던 그 임원의 선견지명이 놀라울 따름이다.

비슷한 사례는 많다. 한때 디스플레이 시장에서 TV 같은 가전이 대세이던 시절, 모바일 디스플레이가 더 중요하다고 그룹 수뇌부를 설득한 당시 전무는 지금 부회장이 되었다. 그 당시 전무가 내 앞에서 자신만만하게 이야기하던 모습이 아직도 선명하다.

"박사님, 이제 대세는 모바일입니다. 모바일 디스플레이 선점이 결국 기업의 생태 지형을 바꿀 겁니다."

리더는 결정하는 자리다. 그리고 그 결정은 비용과 직결된다. 그렇기에 폭넓은 정보력과 판단 능력은 리더에게 필수다. 내가 만난 리더들은 모두 '미래를 예측해 한 발이라도 먼저 나가는 사람'이었다.

일상 속 긍정의 힘이 위기를 이긴다

내가 파악한 리더의 또 한 가지 자질은, 위기 상황에서도 긍정적인 관점을 잃지 않는다는 것이다.

모 기업의 CPO이자 부사장이었던 분을 코칭했을 때다. 방송국에서 뉴스 진행을 위해 검색을 하는데 해당 기업의 전 분기 실적이 급격히 하락했다는 소식이 눈에 띄었다. 심각한 수준이었다. 엎친 데 덮친 격으로 그 회사 공장에서 안전사고까지 발생한 탓에 회사 분위기가 무척 심란할 것 같았다. 마침 다음날 아침에 코칭이 잡혀 있었는데 분명 연기될 거라 예상을 했다. 그런데 시간이 지나도 비서실에서 아무 연락이 없는 게 아닌가? 문자로 문의를 해보니 코칭은 예정대로 진행한다는 답장이 왔다.

다음날 아침 7시, 사무실에 들어서며 CPO에게 조심스럽게 물었다.

"심려가 크시죠? 오늘은 코칭이 어려울 줄 알았는데요."

그러자 아무렇지 않은 듯 말을 이어간다.

"박사님, 다 잘될 겁니다. 이런 위기에는 일상을 유지하는 게 중요합니다. 안전사고는 예측 못했지만 실적 악화는 예측이 됐던 문제고 대책이 다 있습니다. 제가 오늘 스피치 코칭을 받아야 다른 사람들을 또 설득할 수 있죠."

이 상황이면 일정을 미루고 안절부절 못할 법도 한데, 평정심을 붙들고 긍정적으로 사고하는 모습이 대단하다는 생각을 했다.

포스트 코로나 시대, 우리 또한 일상이 뒤흔들릴 만큼 급격한 변화를 목격하고 있다. 익숙지 못한 메가 트랜드 변화가 일어나기 때문에, 미리 준비하지 않으면 뒤쳐질 수밖에 없다. 이때 두려움과 비관에 잠식되어서는 발 빠르게 상황을 파악할 수 없다.

과거에 우리가 아무렇지도 않게 누리던 것들을 회상하며 그리워하는 것은 잠깐이면 족하다. 그보다는 코로나19가 가져올 새로운 가능성에 주목하는 것이 불확실한 오늘에 대처하는 리더의 지혜일 것이다.

헝클어지고
재편성되는 관계들

일상을 파고드는 '끼리끼리 문화'

코로나19는 인간에게 많은 숙제와 질문을 던진다. 지금껏 익숙지 않았던 상황들이 일상으로 찾아왔고, 이제 우리는 많은 것을 새롭게 정립해야 한다. 마스크를 쓴 채 런닝머신 뛰는 광경을 상상이나 해봤는가? 우리의 관계 역시 많은 변화를 앞두고 있으며 이미 그렇게 되어가고 있다.

미래학자와 전문가들의 견해를 종합해보면 앞으로 세 가지 큰 변화가 있을 것으로 보인다. 첫 번째 변화는 탈 세계주의와 지역주의 강화다. 우한에서 발생한 코로나가 단 두 달 만에 전 세계에 퍼진 것은 역설적으로 세계화 때문이다. 수많은 사람들이 국경을 넘어 교류하는 초연결 사회는 전염병이 전 세계로 빠르게 퍼져나가기에 알맞은 구조를 갖추고 있다.

코로나19는 이런 세계주의 양상에 급격히 제동을 걸었다. 하늘길이 막히고 해외에서 입국하는 사람들은 철저한 검역의 대상이 된다. 대신에 지역주의가 강화되고 있다. 그런 영향으로 사람 사이의 관계가 '끼리끼리 문화'로 재편될 것이라 예상된다.

코로나19가 장기화되면서 사람을 밖에서 만나는 일은 큰 부담이 되고 있다. 확진자와 같은 식당을 방문해 옆자리에서 식사를 한 것만으로 감염된 사례도 있다. 심지어 이 감염자를 매개로 2차, 3차 확진자가 발생했다. 내가 바로 그 매개체가 될 수도 있다는 생각에 행동을 조심하게 된다. 매일같이 들려오는 코로나 관련 뉴스와 소식은 우리를 자꾸만 움츠러들게 만든다.

한동안 온라인에서 '고강도 사회적 거리 두기'를 자발적으로 실천하는 이들의 모습이 화제가 되었다. SNS의 해시태그 '랜선(#랜선)'은 집들이, 여행, 라이프, 모임 등의 단어와 결합하여 다양한 파생어를 낳았다. 지인과의 술자리를 영상통화로 시도하거나, 집에서도 클럽에 놀러온 것처럼 혼자 춤추고 노는 사람들의 모습은 우울한 일상에 예상치 못한 웃음을 선사했다.

그러나 코로나19가 장기화되면서 이제는 거리 두기의 형태도 조금씩 달라지고 있다. 미뤄왔던 약속을 조심스럽게 소화하는 모습이 여기저기서 보인다. 중요한 것은 '이 만남이 정말 필요한 것인가'를 구분한다는 것이다. 새로운 자리에 초대받거나 즉석 만남인 경우는 우선 멈칫하게 된다. '시국이 시국인지라' 폭넓은 만남은 미루면서도 가족, 친지와 함께 시간을 보낼 만한 전용 공간을 찾는다.

다시 말해 '얼마나 중요한 만남인가', 혹은 '얼마나 가까운 사람인가'를 기준으로 끼리끼리 문화가 조성된다는 이야기다. 내가 꼭 참석하지 않아도 되는 모임, 잘 알지 못하는 사람들과 동석하는 자리는 고민 않고 거절할 수 있다. 다수 인원에 대한 부담이 커지면서 모임은 점점 더 파편화될 것이다. 나아가 안전가옥처럼 감염의 걱정 없이 편안하게 식사하고 담소를 나눌 수 있는 공간이 더 많이 생겨날 것이다. 프라이빗한 공간의 수요가 늘어나리라는 것은 분명하다. 모임의 수, 모이는 공간, 모임의 방식 등 관계의 형태는 철저히 소수 중심으로 재편될 것이다.

새로운 시대의 '연결된 혼자'들

미래학자들이 말하는 두 번째 변화는 '디지털화'다. 특히 대한민

국에서 디지털의 힘은 코로나19를 방역하는 데 결정적인 역할을 했다. CCTV와 휴대전화를 통해 동선을 확보했기에 확진자의 경로를 신속하고 정확하게 추적할 수 있었다. 이 발 빠른 추적과 격리, 진단으로 이어지는 시스템은 K-방역으로 불리며 전 세계에 이름을 높였다. 디지털의 힘은 우리의 '만남'에도 많은 변화를 가져올 것이다

디지털에 특히 익숙한 현 세대를 'Z세대'라고 부른다. 기준이 명확한 것은 아니지만 일반적으로 1990년대 중반에서 2000년대까지 출생한 세대를 Z세대로 분류한다. 1980년대 중반부터 1990년대 중반 사이에 태어난 밀레니엄 세대(Y2000)를 뒤잇는 세대다.

Z세대를 규정하는 특징을 한마디로 표현하자면 바로 '디지털 원주민(digital native)'이다. 2000년대 초반 IT 기술의 거센 물결 덕분에 이들은 유년 시절부터 디지털 환경에 노출되었다. 소비 패턴도 이전과 극명하게 갈린다. 오프라인 매장에서 직접 보고 구매하기보다는 나만의 공간에서 내가 원하는 시간에 구매하는 편을 선호한다. SNS를 통해 구매 후기를 활발히 공유하고, 배송 및 반품 서비스를 꼼꼼히 비교하여 합리적으로 활용하는 것도 이들의 특징이다. 미국의 경제 미디어 〈비즈니스인사이더〉는 설명하기를 X, Y세대가 이상주의적 성향을 띠는 반면, Z세대는 개인적이고 독립적인 경제적 가치를 우선시한다고 한다.

이들은 '연결된 혼자'다. 남들에게 맞추어 굳이 시간, 공간의 제약과 타협하려 하지 않는다. 그보다는 자기 자신에게 집중한다. 그러나 한편으로 비대면 상황, 즉 온라인을 통해서는 그 어느 세대보다 활발하게 교류한다. 현실에서 사람들과 직접 만나는 것을 고집하는 않는 대신 온라인상에서 서로 긴밀하게 연결되는 셈이다. 다소 느슨한 관계 맺기를 추구하는 듯 보인다. 일각에서는 고립과 외로움이라는 단어로 이 세대를 평가하지만, 그들은 그들만의 방식으로 삶을 열심히 지속하고 있다.

이 세대를 묘사하자면 방문을 반쯤 열어놓은 상태라 할 수 있을 것 같다. 중요한 사실은, 코로나가 불러온 급격한 변화에 이 세대는 잘 적응하고 있으며 가장 잘 적응할 세대라는 점이다. 향후 디지털 시대에는 이들이 문화를 주도하고 이끌 것이다. Z세대의 언어는 언택트 시대의 언어와 닿아 있다.

'나'에게로, '나 같은 사람'에게로

우리가 맞이할 세 번째 변화는 '국가에 힘이 집중된다'는 것이다. 코로나19로 인한 방역과 경제, 복지 문제를 다루기 위해 국가의 힘이 더욱 커질 것이다. 실제로 우리는 코로나 사태의 한복판에서 '큰 국가'를 목격했다. 정부의 모든 부처는 코로나19에 대처하기 위해 긴밀하게 협조하고 동시에 강력한 통제력을 발휘했다.

이 '집중'이라는 화두는 우리의 관계에도 스며들어 '나 자신에 대한 집중'으로 나타난다. 최근 집에 있는 시간이 많아지면서 사람들 사이에 '나'를 알아보는 다양한 심리 테스트가 인기다. MBTI를 비롯해 정신연령, 연예 유형, 역대 대통령과의 유사점, 이상형, 집중 유형을 알아보는 각종 테스트가 넘쳐난다. 타인과 만나는 시간이 줄어들다 보니 자신에게 집중할 시간은 거꾸로 늘어나는 셈이다.

인스타그램 같은 SNS상의 모습도 달라지고 있다. 예전에는 친구들과의 만남, 여행지의 멋진 풍경을 주로 올렸다면 이제는 자기가 만든 음식, 자신의 소소한 일상 등 '나'에게 집중하는 분위기가 확실히 감지된다. 고강도 사회적 거리 두기 기간에 여행 사진을 올린 연예인이 여론의 질타를 받는 상황이 벌어지다 보니 사람들도 더욱 조심하는 모양새다.

이런 집중 현상은 비단 '나'에게로만 한정되지 않는다. 온라인상에서 서로 성향을 확인하고 검증한 뒤에는 자신과 잘 맞는 사람들과 화면 너머로 가볍게 교류한다. '대학내일 20대연구소'의 조사에 따르면 Z세대의 63.8퍼센트가 취향이 비슷하다면 처음 만난 사람과도 기꺼이 교류할 수 있다고 응답했다고 한다. 여기서 초점은 '취향이 비슷한 사람'이다. 비록 직접 만나 얼굴을 마주하진 않지만 아무하고나 소통하지는 않는다. 나에게 집중할 뿐 아니라 가족, 혹은 나와 유사한 유형으로 검증된 이들을 포함해 작은 울타리를 치는 경향은 앞으로 더 커질 것이다.

코로나19로 대면 만남이 줄어든 원인은 내가 피해를 입을지 모른다는 공포, 그리고 주변에 피해를 입힐 수도 있다는 두려움이었다. 사회적 거리 두기의 단계는 상황에 따라 조정되고 있지만 많은 사람들, 낯선 모임이 꺼려지는 것은 마찬가지다. 그렇더라도 누군가와 친밀한 관계를 지속하고자 하는 욕구를 지울 수는 없다. 그동안 깊은 관계를 맺었던 이들, 믿을 수 있는 사람들과의 만남까지 거부할 수는 없는 일이다. 그래서 그나마 안전한 공간을 골라 이들과 만남을 이어간다. 이런 상황은 앞으로 이기주의를 더욱 가속화할 것이다.

이기주의의 본래 의미는 타인과 사회의 이익을 염두에 두지 않고 자신만의 이익을 꾀한다는 것으로, 그간 주로 부정적인 뜻으로 사용되었다. 그러나 코로나19 시대, '나'에게 집중하는 좁은 의미의 이기주의는 아마도 보편적인 정서가 되지 않을까 싶다.

코로나19는 메가 트랜드의 변화를 불러오는 중이다. 후일의 역사학자들이 현재의 상황을 어떻게 평가할는지 알 수 없지만 인류의 삶을 송두리째 바꾸어놓은 거대한 변화라는 사실은 분명해 보인다. 우리는 현재 코로나가 바꾼 일상에 적응하기 위해 급급한 상태다. 끝이 언제일지 알 수 없는 상황에 막연한 기다림과 낙담만으로 삶을 이어간다면 점점 더 깊은 침체기 속으로 빠져들 뿐이다. 변화를 빠르게 인식하고, 앞으로 달라질 내 삶과 일터, 사회를 주체적인 태도로 받아들여야 한다.

여기서 리더들의 역할은 한층 더 중요하다. 조직 전체가 시대의 변화에 기꺼이 적응하려면, 또한 새로운 방식의 효율적인 커뮤니케이션을 구상하려면 리더의 철저한 준비가 필요하다.

2장

언택트 시대는 마스크 시대, 마스크 너머의 사람을 읽어라

사람 따라 말을 바꾸어야
제대로 소통하는 사장

마스크 너머로 상대방을 파악하기

대학에서 강의를 하다 보면 학생들에게서 이런 질문을 종종 받는다.

"교수님, 아나운서가 되기 위해서는 뭐가 가장 중요한가요?"

그때마다 이런 답을 주곤 한다.

"일단 호감을 줘야 돼. 또 만나고 싶은 그런 느낌 말이야."

실제로 아나운서 실기 시험장에 들어가 보면 딱 꼬집어 말할

순 없지만 매력적인 사람이 있다. 그런 사람은 음성과 비언어, 행동까지 모든 것이 일관적이고 자연스럽게 연결되어 있다.

그런데 최근에는 똑같은 질문을 받으면 한 가지를 더 추가해서 말한다. 바로 '센스'다. 센스의 핵심 중 하나는 파악 능력이다. 생방송을 오래할수록 사람과 상황을 파악하는 능력이 얼마나 중요한지 실감하게 된다. 짧은 시간이지만 출연자의 상태가 어떤지, 어떤 유형의 사람인지 파악해야만 그날의 방송을 원활히 진행할 수 있다.

언택트 시대의 만남에서 상대방을 파악하는 센스는 매우 중요하다. 마스크로 가려진 얼굴, 짧은 대화 시간이라는 갖가지 제약을 넘어 제대로 상대를 파악할 수 있다면 아주 큰 경쟁력을 갖추게 된다.

그 사장님은 왜 계약을 보류했을까?

|

보험회사 승진자 과정 강의를 갔을 때였다. 쉬는 시간에 교육생 한 명이 슬그머니 다가오더니 뭔가 여쭤볼 것이 있다고 했다. 들어보니 다음과 같은 내용이었다.

"제가 교육 들어오기 전에 마침 중요한 계약이 성사되기 직전이었습니다. 그쪽 사장님과 저녁 식사를 하고 교육에 들어왔는데

방금 메시지가 왔네요. 계약을 잠시 보류하자고요……. 전화를 계속 드려도 받지를 않는데 왜 그럴까요?"

참 어려운 질문이다. 이 내용만으로는 어떤 상황인지 파악이 잘 되지 않는다. 그 사장이 다른 우환이 있어서 계약을 연기했을 수도 있지만, 커뮤니케이션에서 뭔가 삐끗한 지점이 있을지도 몰랐다. 여기에 초점을 맞추어 물었다.

"혹시 마지막 저녁 식사 자리에서 무슨 일이 있지 않으셨나요? 술을 너무 많이 드셨다거나 공치사를 많이 했다거나 하는……."

그랬더니 술은 안 먹었는데 너스레를 좀 뗀 것 같다고 답한다. 뭔가 감이 오는 듯하다. 그때 했던 말이 기억 나냐고 다시 물었다.

"제가 이렇게 말했죠. 제가 아니었으면 이런 좋은 조건에 계약하기는 어려웠을 거라고요."

한 번도 아니고 여러 차례 강조했다고 한다. 저런 공치사를 긍정적으로 받아들이는 사람도 있지만, 성격에 따라 곱게 들리지 않는 경우도 있다. 나의 판단은 이랬다. 만약 그 사장이 주도적인 성격이라면 기분이 상할 법한 일이다. 내가 내 돈 내고 계약을 하는데 상대방이 모든 것을 자기 공으로 돌리면 뭔가 아니꼽게 느껴질 수도 있다.

주도적인 유형에게는 설령 A안이 훨씬 좋다 하더라도 A, B 두 가지 안을 올려서 본인이 선택하는 재미를 줘야 한다. 이들에게는 뭔가를 선택할 수 있는 권한이 매우 소중하기 때문이다. 이처럼 상대를 파악하는 힘은 소통에서 때로 결정적 역할을 한다.

사람의 4가지 커뮤니케이션 유형

최근 MBTI 유형에 따라 사람들의 성향을 구분하는 것이 유행
이다. 예를 들어 ESTP 유형은 미국의 트럼프 대통령 같은 유형
으로 허세가 심하고 약자에 대한 이해가 부족하다거나, ENFJ는
마음이 따듯한 대신 퍼주는 걸 좋아해서 호구가 되기 쉽다거나,
ISTJ는 융통성 없고 고지식해서 소위 '꼰대' 스타일이라는 식의
유형별 설명글을 인터넷에서 흔히 찾아볼 수 있다.

사람의 성격 유형을 구분하는 지표는 MBTI 외에도 애니어그
램, DISC 등 여러 가지 방식이 있다. 물론 사람을 16가지, 9가지
등의 제한된 유형으로 규정하는 것은 한계가 있다. 때문에 그저
참고만 하는 것이 바람직하지, 맹신할 때는 오히려 역효과가 날
수 있다.

그중에서도 DISC 심리 검사는 커뮤니케이션의 관점에서 사람
의 유형을 구분할 때 도움이 된다. DISC 검사는 미국 심리학자 윌
리엄 마스턴(William Mouston)의 이론을 기반으로 하며, 사람을 주
도형(Dominance), 사교형(Influence), 신중형(Conscientiousness),
안정형(Steadiness)으로 각각 구분한다.

각 유형의 특징을 간단히 설명하면 아래와 같다.

【 DISC의 4가지 성격 유형 】

신속한 결정

주도형(D)
결과 지향적이다.
신속하게 결정한다.
도전을 받아들이고
적극적으로 해결한다.
지도력을 발휘한다.
포기하지 않는다.

사교형(I)
호감을 주는 인상이다.
대인관계가 좋다.
말솜씨가 좋다.
설득을 잘한다.
그룹 활동을 선호한다.

**일
중심**

**사람
중심**

신중형(C)
원칙과 기준을 중시한다.
분석적이다.
갈등에 우회적으로 접근한다.
비판적이다.

안정형(S)
충성스럽고 협조적이다.
참을성 있고 꾸준하다.
경청을 잘한다.
쉽게 동의한다.

심사숙고

주도형(D): '안 되면 되게 하라'는 모토로 살아가는 주도형은 성공적인 결과를 얻기 위해서라면 어떻게든 장애를 극복해나가는 저돌적인 타입이다. 일에서든 사람과의 관계에서든 자신이 통제권을 가지고 조율하기를 원한다. 다만 소통할 때 일방적인 경향이 있어서 인간관계에 어려움을 겪으며, 그로 인해 갈등 상황에

놓이기 쉽다. 흔히 자신의 주장만 내세우며 상대가 수긍하지 않을 경우 쉽게 화를 내고, 위기 상황에서 독재자처럼 행동한다.

주도형을 대할 때는 먼저 인정해주는 배려가 필요하다. 처음부터 문제점을 지적하면 주도권을 잃었다고 생각해서 마음을 닫아버리므로, 참을성을 가지고 경청하며 따뜻한 어조로 문제점을 설명해야 한다. 적극적으로 개입하기보다는 관계 형성을 통해 스스로 자신의 문제를 끄집어내도록 만드는 것이 중요하다. 그럴 때 주도형 독불장군들도 서서히 마음의 문을 연다.

사교형(I): 사교형은 상대방을 설득하거나 깊은 영향을 미치는 것에 가치를 둔다. 사람을 좋아하는 성향으로 관계 맺기를 즐기며 그 관계를 지속하고자 한다. 의사소통에도 열정적이다. 다른 유형에 비해 관계 맺기가 수월한 편이다. 지속적으로 소통하며 많은 대화를 나누는 것이 좋다.

안정형(S): '좋은 것이 좋은 것'이라고 생각하는 안정형은 협력을 잘한다. 권한과 책임이 명확한 상황 아래서 조화롭게 일하는 것을 좋아하며, 이를 최고의 가치로 여긴다. 때문에 갑작스러운 제안이나 변화를 주는 것은 바람직하지 않다. 이 유형은 안정적인 상태를 좋아한다. 따라서 이 사람에게 익숙한 장소와 환경에서 소통을 시도하는 것이 효과적이다.

신중형(C): 믿을 것은 근거뿐이라고 생각하는 신중형은 정확한 일처리와 원칙을 매우 중요하게 여긴다. 논리적이고 체계적인 접근을 좋아하기 때문에 정확한 사실과 근거를 활용해 설득해야 한다. 사적인 질문이나 이야기로 다가가기보다는 이성적이고 차분한 대화로 인정을 얻어내는 것이 중요하다. 세세한 부분까지 파고들 수 있으므로 다양한 논리와 근거를 준비해야 한다.

상대에 따라 달라지는 소통의 방법

커뮤니케이션의 방향은 그 사람이 긍정적인가 부정적인가, 또는 소통에 적극적인가 소극적인가에 따라 크게 달라진다. 아래는 '적극성'과 '긍정성'을 기준으로 사람의 유형을 구분한 것이다. 각 유형에 따라 어떤 커뮤니케이션 방법이 적절한지 알아보자.

【 표현 방법에 따른 사람 유형 】

	긍정적 사고방식	부정적 사고방식
적극적 표현 방식	사람과 조직에 활력을 불어넣는 사람이다. 칭찬과 배려를 통해 관계를 유지한다. 하지만 일처리를 할 때 지나치게 낙관적이어서 간과하는 부분이 생길 수 있다. 때때로 시기와 질시의 대상이 되곤 한다.	조직과 관계에 자칫 분열을 일으킬 수 있는 사람이다. 습관적인 비판을 지속하여 조직 내에 부정적 기운을 퍼트리며 사람들이 의욕을 잃게 만든다. 뒷이야기를 잘하는 사람으로 항상 불만이 많다.

| 소극적 표현 방식 | 진지하고 묵묵하게 자신의 일을 수행하는 유형이다. 다만 회의나 중요한 자리에서 자신의 의견을 피력하지 않으므로 오해를 사거나 과소평가될 수 있다. 대인관계의 폭이 좁고 종종 갈등을 겪기도 한다. | 분노와 부정의 힘을 안으로 쌓아두는 유형이다. 겉으로는 웃으며 일정한 관계를 유지하지만 내부의 부정적인 관점을 억누르다가 한꺼번에 폭발하곤 한다. 이때는 상당히 공격적이며 극단적인 행동을 보일 수 있다. |

1. 긍정적 사고방식·적극적 표현 방식의 유형: 이 사람들은 사회성이 뛰어나고 자기 생각을 쉽게 꺼내기 때문에, 단답형 대답을 요구하지 않는 '열린 질문'이 적합하다. "요즘 어떻게 지내세요? 별문제는 없죠?"라는 화두만 던져도 마음속 이야기를 어렵지 않게 쏟아낸다. 때로는 너무 많은 이야기를 이어가다가 주제에서 벗어나기도 하는데, 그럴 경우 구체적인 질문을 던져 상기시켜 주면 다시 주제로 돌아올 수 있다. 이 유형과 대화할 때는 본인의 입장만 말하도록 하기보다 다른 이들의 다양한 관점을 알려줄 필요가 있다. 이들은 지적이나 조언도 열린 마음으로 받아들이기 때문에 효과가 좋다.

2. 긍정적 사고방식·소극적 표현 방식의 유형: 이들에게는 구체적인 질문이 필요하다. 차분하게 관찰하여 파악한 정보들을 바탕으로 세심하게 질문을 던져야 한다. 상대가 적극적으로 말할 수 있는 분위기를 조성하는 것이 중요하다. 특히 칭찬으로 자존감을 높여주고, 스스로 인정받고 있다는 느낌이 들도록 질문을 던지면

큰 효과가 나타난다.

　자신의 생각을 표현하지 않고 속으로만 끌어안는 성향이므로, 그것이 어떤 오해를 불러올 수 있는지 자연스럽게 깨닫게 해주면 도움이 된다. 그동안의 경험과 사례들을 들려주고, 시간을 가지고서 차츰 표현하는 것에 익숙해지도록 분위기를 만들어준다.

　3. 부정적 사고방식 · 적극적 표현 방식의 유형: 매사를 자기중심적으로 생각하는 경향이 강하다. 따라서 역지사지의 마음을 가질 수 있도록 유도해야 한다. 이 유형에게 무작정 지적만 하다가는 오히려 큰 반감을 불러일으킬 수 있다. 충분히 경청한 후 여러 가지 상황을 제시함으로써 다른 사람이라면 어떤 느낌일지 생각해보도록 유도한다. "당신은 이게 문제입니다." 하는 식의 직접적인 표현보다는 "이런 경우, 이렇게 했다면 어땠을까요?" 또는 "당신이 그렇게 행동했을 때 다른 사람은 어떤 기분이었을까요?" 하는 식으로, 우회적이고 겸양적인 표현을 사용하는 것이 좋다.

　4. 부정적 사고방식 · 소극적 표현 방식의 유형: 어쩌면 가장 위험한 유형이라 할 수 있다. 불만이 없는 것이 아니라 속에 분노를 숨기고 있기 때문이다. 이런 유형은 문제에 대해 먼저 이야기를 꺼내는 것 자체로 큰 반발에 부닥치기 십상이다. 그러므로 가벼운 신변잡기로 말문을 연 다음 스스로 자신의 생각을 표현하도록 유

도한다. 이 사람들은 자칫 공격적인 어조로 돌변해서 시시비비를 가리려 하기 때문에, 인내심을 가지고 근본적인 질문으로 계속 유도해야 한다.

"요즘 스트레스 받는 일이 있나요?" 또는 "지난번에 보니까 많이 피곤해 보이던데, 무슨 일 있나요?" 하고 물어서 스스로 이야기를 털어놓도록 유도하는 편이 현명하다. 직접적인 문제 제기로 갈등의 요소를 부각하기보다 우선 갈등의 감정을 표출하도록 이끌어주는 것이다. 이 사람들에게는 스스로 분노를 표현할 수 있는 대화의 장을 제공하는 것이 무엇보다 중요하다.

'너'를 이해하려면
'너'의 기준이 필요하다

'너'를 이해하기 위한 맥락적 사고의 과정

커뮤니케이션에서는 '자아인식(self-awareness)'이 매우 중요한 개념이다. 이것은 '자신의 직감과 감정적 반응을 스스로 점검할 수 있는가'에 관한 이야기다. 우리는 정말로 고정관념과 선입견 없이 어떤 현상을 바라보고 또 판단할 수 있을까? 객관적인 시선을 유지할 수 있다면 자아인식 능력이 발달한 사람이다.

　하지만 많은 사람들이 자기만의 기준과 시각으로 타인을 쉽게 예단하곤 한다. '나'와 '너'의 다름을 인정하고 나만의 기준을 내려놓으려는 꾸준한 노력이 필요하다.

최대한 객관적인 관점을 유지하기 위해서는 '맥락적인' 사고 과정이 필요하다. 이 과정은 다음의 단계들을 거쳐 완성된다.

1단계. 먼저 관찰이 필요하다

그 사람의 행동 패턴, 무엇을 좋아하는가 하는 취향, 사용하는 언어와 표현 방식을 살펴본다. 상대방의 언어가 부정적인지 긍정적인지 혹은 중립적인지 생각하고, 앞서 소개한 유형 가운데 어느 쪽 경향이 강한지도 파악해보자. 다양한 정보를 수집하는 단계이므로 처음부터 내가 너무 주도적으로 많은 말을 하지 않도록 유의해야 한다. 너무 수다스러운 이미지로 비치면 상대방이 말문을 닫을 수도 있다. 첫 만남에서는 가벼운 스몰 토크와 적절한 질문으로 상대를 알아가는 것이 무엇보다 중요하다.

2단계. 분석의 단계로 넘어가라

정보 수집을 어느 정도 마쳤다면 그 사람의 니즈가 무엇인지 알아보는 단계로 넘어갈 수 있다. 누군가의 말이나 행동 이면에는 진짜 니즈가 숨어 있다. 무더운 여름날, 손님이 가게로 들어와서 시원한 콜라를 찾는다고 해보자. 그런데 마침 콜라가 떨어졌다. 어떻게 할 것인가? 상대의 니즈를 간파했다면, 콜라가 없더라도 손님의 목마른 상태를 알아차리고 갈증 해소에 좋은 다른 음료를 권할 것이다.

가치에는 '잠재 가치'와 '미충족 가치'가 있다. 미충족 가치는 그 사람이 지금 당장 필요로 하는 것이다. 그에 비해 잠재 가치란, 전문가의 입장에서 미래를 예측했을 때 그 사람에게 궁극적으로 필요한 것을 뜻한다. 그 궁극적인 니즈를 아는 것은 상대방을 파악할 때 상당히 중요하다. 상대가 어떤 욕구로 움직이는지 속마음을 들여다볼 수 있기 때문이다.

3단계. 탐색과 검증의 단계

누군가를 객관적으로 평가하기 위한 마지막 단계는 탐색과 검증의 단계다. 상대방이 정말 어떤 사람인지 확인하기 위해 의도를 가지고서 대화를 시도하는 것이다. 이것은 비대면 상황에서도 충분히 가능하다. 만약 비대면 만남을 먼저 가졌다면 추후 직접 만나게 되었을 때 앞서 확보한 단서들을 확인하는 기회로 삼을 수 있다.

이 단계에서는 다양한 질문으로 상대를 알아가고 내 분석이 올바른지 검증해본다. 앞서 이야기한 보험회사 직원의 이야기로 돌아가 보자. 고객인 사장은 여러 번, 그것도 분명히 자신의 스타일을 보여줬을 것이다. 하지만 자아인식 능력이 부족한 그 직원은 상대의 스타일을 파악하려는 노력조차 하지 않고 자기 이야기만

했을 가능성이 크다. 만약 커뮤니케이션이 매끄럽지 못해 계약 성사가 불발된 것이라면, 아마도 이런 문제였으리라 짐작할 수 있다.

물론 몇 번의 만남으로 사람의 유형을 확정할 수는 없다. 또한 어떤 사람의 성향이나 유형이 계속 지속된다는 보장도 없다. 다만 큰 틀에서라도 상대방의 성향을 파악한다면 그 사람을 이해하는 데 도움이 되리라는 것은 분명하다. 사람은 다차원적이며 계속 변한다. 그렇기에 중요한 것은 나와 너의 다름을 인정하고 늘 상대를 알아가고자 노력하는 일이다. 예전과 달리 대면과 비대면 접촉이 두루 이뤄지는 상황에서는 다양한 정보를 수집하고 분석하는 과정이 특히 중요하다. 대인 민감성을 꾸준히 키워야 함을 잊지 말라.

'맥락'과 '묶음'에 유의하라

1938년, 영국의 아서 네빌 체임벌린(Arthur Neville Chamberlain) 총리는 회담 도중 독일 히틀러의 거짓말과 거짓 표정에 속아 히틀러의 군대가 체코를 침공하는 것을 막지 못했다. 그는 결국 '히틀러를 도운 정치인'이라는 오명을 쓰게 되었다. 이처럼 중요한 순간에 상대의 표정과 비언어 속 진심을 제대로 읽지 못하면 낭

패를 보기 마련이다. 좋은 소통을 하기 위해서는 나의 메시지와 비언어를 정제하는 것만큼이나 상대의 비언어를 제대로 읽는 것 또한 중요하다.

추운 겨울날 직장 동료가 버스 정류장 앞에서 몸을 구부린 채 한숨을 쉬고 있다. 아마도 차가운 바람에 맞서 체온을 유지하기 위한 동작일 것이다. 그런데 똑같은 모습을 사무실 책상 앞에서 연출하고 있다면 어떨까? 이때는 뭔가 괴롭거나 좌절할 만한 사건을 겪었으리라 유추할 수 있다. 똑같은 모습이지만 어느 환경에 놓여 있는지에 따라 의미는 달라진다. 이것이 바로 '맥락(Context)'이다. 처한 맥락에 따라 비언어를 어떻게 해석할 것인지 눈치 기제를 작동해야 한다.

또한 비언어는 '묶음(Clusters)'으로 봐야 더 정확히 관찰할 수 있다. 흔히 생각하기를 손톱을 물어뜯는 행동은 불안함을 나타낸다고 한다. 하지만 그 동작 하나만으로 사람의 불안감을 단정하기는 어렵다. 시선이 불안정하고, 다리를 떨고, 식은땀을 흘리는 등 여러 단서를 묶어보면 그 사람의 상태를 더 명료하게 살필 수 있다. 팔짱을 낀 모습도 마찬가지다. 얼굴 찌푸린 채 고개 젓기까지 같이 하고 있다면 뭔가를 못마땅해하는 상태라고 판단할 수 있다.

사람마다 기준 행동이 다르다

실상 언어보다 비언어 행동이 내면의 의미를 더 분명히 보여줄 때가 있다.

"이번 주 대근 괜찮니?"

선배의 묻는 말에 후배가 "네에." 하고 답을 한다.

그런데 미간을 찌푸리고 있고 표정이 좋아 보이질 않는다. 그렇다면 흔쾌한 대답이 아닌 셈이다.

'사랑한다'고 말하는데 주저하는 듯한 표정이 엿보인다면, 사랑의 표현은 한순간 왜소해진다. '행복하다'고 말하면서 한숨을 쉰다면 뭔가 다른 속사정이 있을지도 모르는 것처럼 말이다.

언어와 비언어가 얼마나 일치하느냐를 직관적으로 파악하는 건 그리 어려운 일이 아니다. 이런 '일치도(Congruence)'와 함께 '일관성(Cosistency)'또한 중요한 체크 포인트다. 사람마다 기준이 되는 행동이 있다. 예를 들어 스트레스를 받지 않는 평상시에 하는 행동을 알아야, 그 사람이 불안하거나 스트레스를 받을 때의 비언어 행동을 정확히 파악할 수 있다. 평소에도 손을 자주 꼼지락거리는 사람이라면, 발표 시에 손을 만진다고 해서 그 사람이 긴장했다고 단정할 수 없다.

모 기업의 조찬 특강을 갔을 때 일이다. 그 기업은 매달 명사를 초청해 특강을 진행하는 관례가 있었다. 나는 임원들을 상대로

'리더의 언어, 마음을 사로잡는 소통의 법칙'이라는 주제 아래 강의를 했다. 한참 강의 중인데, 텔레비전에서 자주 보던 그 기업의 오너가 들어오는 것이 아닌가? 긴장되고 신경이 쓰였다. 강의 스킬을 총동원해 열강을 하는데도 무표정한 오너의 모습이 눈에 들어 왔다. 슬슬 조바심이 일었다. 다른 임원들은 웃고 고개를 끄덕이는데 오너만 가만히 나를 응시할 뿐이어서 의아했다. 혹시 내 강의가 미흡한 부분이라도 있나 하는 생각마저 들었다.

강의를 마치고서 오너와 형식적인 인사를 한 뒤 돌아서는데 마음이 적잖이 무거웠다. 그런데 그날 오후 기업 담당자가 전화를 걸어와 뜻밖의 이야기를 전해주었다.

"박사님, 오늘 강의 너무 좋았습니다. 혹시 지방도 강의를 가시는지요? 저희 회장님께서 지방에 있는 임원들도 강의를 꼭 들었으면 좋겠다고 하셔서요."

나는 조심스럽게 물었다.

"회장님 표정이 별로 좋지 않아서 걱정했습니다."

그랬더니 이런 답이 돌아왔다.

"저희 회장님은 보통 강의 들어오셨다가 바로 나가십니다. 끝까지 앉아 계신 경우는 박사님 강의가 처음이었습니다."

그 오너의 기준 행동은 '무표정'이었던 것이다.

비언어를 해석할 때 마지막으로 고려해야 할 사항은 '문화

(Culture)'다. 각 나라의 문화, 그리고 조직의 문화에 따라 비언어는 의미가 달라진다. 예를 들어 우리나라에서는 손등이 보이든 손바닥이 보이든 'V자' 손가락은 승리의 표시이지만. 호주와 영국의 경우 손등을 보여주는 V는 모욕의 의미가 있으니 조심해야 한다.

맥락(Context), 묶음(Clusters), 일치도(Congruence), 일관성(Cosistency), 문화(Culture)라는 5C는 비언어를 넘어 그 사람 전체를 파악할 때도 적용이 가능하다. 비대면으로 접촉할 때 파악한 행동과 비언어를, 대면 만남을 통해 확인하고 분석해보는 것도 좋은 방법이다. 하나의 모습으로 사람을 파악하는 것이 아니라 다양한 정보를 바탕으로 판단하는 것이 중요하다. 이런 과정을 통해 사람을 파악하는 힘이 생기고 그 힘은 언택트 시대에 놀랄 만한 경쟁력이 되어줄 것이다.

알아두면 도움 되는, 상황별 비언어 파악법

• 진짜 미소, 가짜 미소 판별하기

얼굴 표정만으로 감정을 판단하기가 어려운 이유는, 사람들이 때때로 부정적 감정을 숨기고자 하기 때문이다. 그럴 때는 얼굴의 좌측을 주의 깊게 보자. 감정은 얼굴의 우측보다 좌측에서 더 강하게 나타난다. 다시 말해 얼굴의 우측은 상대적으로 연기하기가 더 쉽다는 것이다. 따라서 상대의 미소가 가장한 것인지 여부를 판단하기 위해서는 미소 짓는 표정이 좌우대칭인지 살펴보라. 좌측만 유달리 늦게 반응한다면 뭔가 부자연스러운 감정 상태라 생각해볼 수 있다.

비언어 의사소통 전문가인 캘리포니아 의대 폴 에크만(Paul Ekman) 교수는 진짜 미소의 경우 눈두덩이와 눈썹 사이의 근육, 그리고 양쪽 눈썹이 살짝 내려오지만 가짜 웃음은 그렇지 않다고 설명한다.

또한 《얼굴》의 저자 대니엘 맥닐(Daniel McNeill)은 입술꼬리에 주목하라고 조언한다. 평상시에 입술꼬리가 주로 내려가 있는 사람은 부정적 정서가 강하고 반대로 올라가 있으면 긍정적인 정서를 가진 사람이라고 그는 말한다. 평소에 긍정적인 반응을 주로 보이는 사람은 웃음이 자연스러우며 입술꼬리가 올라가게 되어 있다. 만약 누군가와 대화를 할 때 상대방의 입술꼬리가 내려간다는 것은 당신의 이야기에 반대하거나 흥미를 잃었다는 신호일 수 있다.

• 회의 시 유의해야 할 비언어 행동들

회의를 하는데 팔짱을 끼고 의자에 기대 있던 사람이 갑자기 자세를 풀고 책상 앞으로 가까이 다가온다면 어떤 의미일까? 이것은 지금 이야기하는 주제에 관심을 표명하는 자세로 보아야 한다. 긍정적이든 부정적이든 이 주제에 대해 하고 싶은 말이 있다는 비언어적 신호이므로, 회의 진행자는 적극 반영해야 한다. 사람의 비언어적 자세는 일정하게 유지되는 것이 보통이다. 그런데 어떤 자세에서 갑자가 새로운 자세로 바꾼다는 것은 심리적 변화를 의미한다고 볼 수 있다. 회의 도중 누군가가 다리를 꼬고 앉아 계속 발을 떤다거나 다리를 꼬았다 풀었다 하는 것은 그 자리를 피하고 싶다거나 불편하다는 신호다. 거기다가 몸까지 좌우, 앞뒤로 움직인다면 강한 부정의 신호로 보아야 한다. 또한 팔짱을 끼는 것은 일단 '닫힌 자세'로 방어적인 상태라 할 수 있다. 무엇인가 망설이거나 고민하고 있다는 신호일 가능성이 높다. 똑바로 앉은 자세는 자신감을 보여주기도 하지만 너무 경직되어 있다면 긴장하고 있다는 의미이므로 분위기를 좀 더 편안하게 만들 필요가 있다.

• 대화 도중 지켜야 할 '시선' 에티켓

대화 도중 상대가 시선을 피하고 자세를 자주 바꾸며 고개를 숙이는 것은 대화가 흥미롭지 못하고 피하고 싶다는 신호다. 상대방이 이런 비언어적 신호를 계속 보내는데도 불구하고 내 이야기를 끝까지 한다면 좋은 관계를 유지할 수 없다. 내 입장에서는 중요한 이야기일지라도 상대방은 듣지 않을 것이고 오히려 역효과를 불러올 수 있다.

한편 대화화면서 계속 눈을 맞추는 것 또한 상당히 부담스러운 행동이다. 두 눈을 똑바로 본다는 것은 분노나 공격의 의미로 읽힐 수도 있기 때문이다. 따라서 두 눈을 쳐다보기보다는 한쪽 눈을 교대로 보는 것이 더 효과적이다. 또한 상대가 말을 할 때는 고갯짓을 하며 눈을 살짝 내려주는 것이 그 사람을 더 편안하게 만든다.

피해야 할 것은 상대에게 말을 하면서 고개를 숙이거나 돌리는 행동이다. 거절, 무시의 메시지를 줄 수 있기 때문이다. 가급적 상대방과 비슷한 방식으로 바라보고 제스처를 하면서 톤을 맞추도록 하라.

대화 도중 시선 주기와 떼기를 원활하게 하기 위해서는 상대와 마주 섰을 때 15~30도 정도로 비껴 서는 것이 좋다. 너무 정면으로 마주보고 앉으면 부담을 줄 수 있다.

만약 대화 도중 상대의 동공이 커진다면 기쁨, 혹은 놀람의 표시이며 반대로 동공이 작아지는 것은 부정적인 반응이다. 여러 연구 결과 동공이 큰 사람이 작은 사람보다 더 호감을 주는 것으로 나타났는데 써클렌즈가 유행하는 것도 이런 맥락으로 이해할 수 있을 것이다.

3장

이제 한 번 만날 때 제대로 만나야 한다

사장은 한 번의 만남에 무엇을 준비해야 하는가

언택트 시대에 컨택트의 의미는 깊어진다

사회적 거리 두기가 완화된 시점에 모임이 있다는 연락을 한 통 받았다. 7년 넘는 모임으로 나는 거기서 막내였다. 늘 좋은 분들을 만나고 많은 것을 얻는 자리였기에 꼭 가고 싶다는 생각이 들었다. 그래서 정말 오랜만에 저녁 외출을 했다. 역시 너무나 반가운 모습들이었다. 각자 그동안의 근황을 이야기하는데 내 차례가 되었을 때 일어나 이렇게 말했다.

"아시다시피 제가 코로나 특보를 하다 보니 그동안 누군가를 만나는 것이 꺼려졌습니다. 많이 망설이고 거절도 많이 했습니다. 제가 감염이라도 되면 보도국이 마비되기 때문입니다. 그런데 이 모임 연락을 받고는 한 치의 주저함도 없었습니다. 오늘 뵙게 되어 반갑습니다."

말이 끝나자 큰 박수가 터져 나왔다. 내가 그 모임을 얼마나 소중히 여기는지 사람들에게 진심이 전해졌기 때문이리라.

포스트 코로나 시대. 만남에 주저할 수밖에 없지만 그것을 이겨내고 사람을 만난다는 것은 중요한 의미를 갖는다. 이제는 그 자리에 참석해 함께 교류한다는 것 자체가 신뢰와 애정을 의미하는 강력한 메시지가 된다. 한 공간 속에서 마스크를 벗는다는 것의 의미는 하물며 어떠랴. 가족만큼이나 서로를 믿을 수 있다는 '완전한 신뢰'를 의미하는 행동이다.

나는 코로나가 본격화된 2월부터 코로나19 관련 뉴스 특보를 진행했다. 워낙 예측이 불가능하고 진정됐다 싶으면 다시 심각해지는 상황이 반복되다 보니 스트레스가 심했다. 거의 매일 코로나 브리핑을 접하면서 예민해지기도 했다. 혹시 감염이라도 된다면 나만의 문제로 끝나는 것이 아니라 보도국 자체가 마비될 터였다. 내가 아무리 방역수칙을 잘 지킨다 하더라도 확진자와 동선이 겹치면 낭패였다. 그렇게 생각하니 사람들과의 만남, 모임을 의도적으로 피하게 되었다. 그러다가 앞의 모임 소식을 들었고, 오랜만에 외출을 감행한 것이다.

대면 만남의 횟수가 줄어들수록 한 번의 만남은 더 중요해진다. 사적인 모임뿐 아니라 업무상 만남도 마찬가지다. 중요한 결정을 앞둘 때나, 사업의 마무리 단계에서는 얼굴을 직접 마주하고 접촉해야 한다. 이렇게 되면 언제, 어떤 방식으로, 몇 번을 직접 만나는 것이 효과적인지 논의하는 일이 필요해진다.

그럼에도 누군가를 만나야 한다면

코로나19 뉴스 특보를 진행할 때마다 방역 당국이 강조하는 것은 방역 조치의 속도보다도 전파 속도가 너무 빠르다는 점이다. 확진자가 나와 역학조사를 실시하고 동선을 파악하는 도중에도 벌써 2차 3차 전파 등, n차 감염이 이루어진 경우가 많았다. 이는 코로나19 자체의 특성도 있겠지만 사람들의 활동 범위가 그만큼 넓어졌다는 이야기이기도 하다. 특히 젊은 층의 동선을 보면 왕성한 인간관계와 활동력에 놀라게 된다.

향후 백신이 나오면 한층 안정되겠지만 코로나 이전의 왕성한 교류가 다시 가능할지는 의문이다. 수개월에 걸쳐 위축된 사람들은 이제 잘 모르는 누군가를 만나기가 두려워질 수 있다. 내가 지금 만나는 사람 바로 뒤에는 나도 모르는 수많은 이들이 연결되어 있다는 점이 우리를 움츠러들게 만든다. 그들의 가족, 최근에 만난 사람, 우연히 같은 공간에 있던 사람, 그 밖에도 불특정 다수의 수많은 사람들이 지금 만나는 그 사람 뒤에 있기 때문이다.

사실 이번 코로나19가 이전의 전염병과 비교했을 때 놀라운 속도로 전 세계에 퍼졌다는 사실은 '초연결 사회'라는 세계화의 취약점을 극명하게 보여준다. 이번 사태를 계기로 많은 나라들은 긴밀하게 연결할 나라와 통제할 나라를 구분할 것이다. 믿고 의존할 수 있는 국가와 그렇지 않은 국가가 명확하게 구분이 될 것이라는 의미다.

인간관계 역시 그러할 가능성이 충분하다. 포스트 코로나 시대는 불확실성의 시대다. 관계의 방향성도 달라질 수밖에 없다. 우리는 만나야 될 사람과 굳이 그러지 않아도 될 사람을 구분할 것이다. 얼마나 많은 시간을 한 공간에서 보내는가, 어떤 방식으로 만나는가 또한 친밀한 정도를 구분하는 척도가 될 것이다.

관계의 이러한 편중 현상은 아마도 더 깊이 고착될 듯하다. 관계가 깊어지기까지 예전보다 더 오랜 시간이 걸릴 수 있다. 소통과 공감이 쉽지만은 않을 것이다. 그럴수록 겉으로 보이는 이미지를 어떻게 관리하는가는 중요해진다. 접촉의 횟수와 시간이 줄어들면, 짧은 만남에서 나를 어떻게 포지셔닝하느냐에 많은 것이 좌우되기 때문이다.

한 번의 만남에 무엇을 준비해야 하는가

|

언택트 시대에는 '만났다'라는 표현이 이전과는 의미가 달라질지도 모르겠다. 온라인이든 오프라인이든 대화를 나누고 관계를 맺었다는 것이 '만남'의 의미가 되지 않을까 한다. 언택트 시대에 직접 만나는 컨택트 만남은 되도록 효율적, 효과적이어야 한다. 그러니까 한 번을 만나도 제대로 만나야 한다는 소리다.

인스타그램 속 사진으로만 보던 사람이 실제 모습은 너무 달라서 놀란 적이 혹시 있는가? 언택트 만남은 한계가 있을 수밖에 없다. 단절된 음성과 부분적인 비언어, 최대한 다듬어진 이미지 속에서 상대를 정확히 파악하기는 어렵다. 그러므로 비대면으로 아무리 오래 만난 사람이라도 직접 대면하는 순간의 의미는 그 깊이와 무게가 다르다. 다시 말해, 언택트 시대에는 역설적으로 대면 만남이 더 중요해질 수 있다. 그렇다면 언택트 시대, 대면 만남에서 중요한 것은 무엇일까?

핵심은 '명확성'과 '호감'이다. 짧은 시간 동안 효과적으로 만나기 위해서는 무엇보다 명확성이 중요하다. 말의 내용도, 전달도 명확해야 한다. 아나운서인 나도 마스크를 쓴 상태에서 대화하기란 여간 힘들지가 않다. 또렷이 전달되도록 발음을 더 명확히 천천히 하고, 내용 면에서도 더 임팩트 있는 이야기를 담고자 노력한다.

언택트 시대의 컨택트 만남에서 또 한 가지 중요한 것은 '호감'이다. 예전의 만남에서는 여러 번 만나 서로를 탐색하고 알아가는 시간이 보장되었다. 하지만 이제는 대면 접촉에서 한 사람이라도 불안해한다면 그 만남의 집중도와 효율이 떨어질 것이다. 찜찜한 느낌은 만남의 성과를 반감시킨다. 호감은 매력, 혹은 신뢰와도 겹친다. 짧은 시간이지만 충분히 믿을 만한 사람, 더 만나보고 싶은 사람이라는 느낌을 주는 것이 관계 설정에서 상당히 중요하다.

덧붙이자면, 대면 만남과 비대면 만남의 이미지 간극을 줄이는 방법도 고민해봐야 한다. 화면과 실제 이미지가 너무 다르다면 어색함과 부담감을 줄 수 있다. 따라서 이미지를 적절히 관리하는 전략도 필요하다.

이제는 누군가를 만나기 전에 준비가 필요한 시대다. 특히 어떤 이야기를 핵심적으로 전달할지, 어떤 질문을 할 것인지 미리 생각해두어야 효율적으로 만날 수 있다. 구체적인 방법들을 이제부터 소개하려 한다.

결과를 좌우하는
대화의 기본기

기분 좋은 연결고리를 만드는 스몰 토크

'용건만 명확히'가 미덕인 시대에 짧은 시간 동안 '라포'를 형성하는 것은 쉽지 않은 일이다. 어떤 사람은 만나면 자연스럽게 대화가 이어지는데 왜 어떤 사람은 어색하기만 할까? 그 차이는 주로 대화의 첫머리에 결정된다. 스피치와 마찬가지로 일상적인 대화 또한 앞부분이 재미있든지, 공감이 되든지, 아니면 정보가 담겨 있어야 한다. 이때 요긴하게 쓰이는 것이 '스몰 토크'다.

상대방의 근황을 알고 있다면 대화를 풀어나가기가 한결 쉽다. 누구든 자신을 기억해주고 관심을 보이는 사람에게 호감을 가진다. 그러므로 중요한 만남이 있다면, 최근 그 사람에게 어떤 변화나 특별한 일이 있지 않은지 알아두는 것이 좋다.

상대방의 관심사를 주제로 삼는 것도 센스 있는 대화다. 등산을 좋아하는 사람에게 "혹시 이번 주말에도 등산 다녀오셨어요?"라고 묻는 순간, 그 사람의 눈이 반짝이는 것을 볼 수 있을 것이다. 두 사람 사이에 기분 좋은 연결고리를 만드는 지름길이다.

공통의 이벤트에 관한 대화 역시 분위기를 활기차게 만든다. 직장 동료라면 곧 있을 회사 행사라든가 프로젝트와 관련된 사항을 가볍게 물어보자. 다만 너무 구체적으로 꼬치꼬치 묻거나 민감한 내용을 언급하는 것은 피해야 한다. 공감대는 같은 것을 함께 경험하는 과정을 통해 깊어진다.

말 한마디, 질문 하나가 만남의 질을 좌우한다는 것을 다들 경험으로 알고 있을 것이다. 만남의 횟수가 줄어드는 언택트 시대에는 상대방을 배려한 맞춤형 질문이 더욱 빛을 발한다.

막힌 벽을 허물어뜨리는 질문의 기술

질문도 연습이 필요해서, 여러 번 경험해보아야 실력이 는다.

회사 엘리베이터 안에서 그리 친하지 않은 신입사원을 만났다고 해보자. 단 둘만 서 있는 공간이 어색해서 질문을 던져본다.

"요즘 별일 없어요?"

신입사원은 뭐라고 말할까? 십중팔구 "아, 네." 하는 짧은 단답형 대답이 튀어나올 것이다. 그런데 만약 이 직원에 대한 정보가 조금이라도 있다면 자연스러운 후속 질문이 가능하다. 어느 부서에서 OJT를 하고 있는지, 그 부서의 업무 특성이 어떤지를 안다면 그 정보를 연결고리 삼아 한결 편하게 근황을 물을 수 있다. 그도 아니라면, 신입사원들이 회사에서 공통적으로 경험할 법한 사항들을 몇 가지 떠올린 후 대화를 시작해도 좋을 것이다. 상대가 처한 상황을 알고 질문한다는 것은 상대에게 관심이 있고, 소통하고 싶다는 강력한 메시지가 된다.

달리 말하자면, 질문은 미리 준비해야 한다. 그저 침묵을 깨기 위해 머릿속에 떠오르는 대로 질문을 던지면 하지 않느니만 못한 상황이 될 수 있다. 두세 수를 미리 보는 바둑기사처럼 질문도 그러해야 한다. 그럼 좋은 질문의 조건은 무엇일까?

먼저, 관심이 들어간 질문이어야 한다

관심은 상대를 인정하고 관계를 맺고자 하는 신호다.

"그 다음이 궁금하네요. 그래서 어떻게 되었나요?"

"결정하기 참 곤란한 일이었을 텐데요. 어떻게 하셨나요?"

"그 일을 할 때 뭐가 가장 힘드셨는지요?"

적어도 상대방이 최근에 어떤 일을 겪었으며, 어떤 것에 관심을 보이는지 알아야 이런 질문을 할 수 있다.

자신을 노출하는 질문은 원활한 소통에 도움이 된다

자신을 열지 않은 상태에서 상대와 좋은 관계를 맺기는 어렵다. 소통을 잘하는 사람은 자신을 적절히 열 줄 아는 사람이다.

"코로나 때문에 집에 오래 있다 보니 우울하네요. 어떠세요?"

"그거 제가 정말 좋아하는 노래예요. 혹시 이 가수 최근에 나온 신곡도 들어보셨어요?"

"저희 집도 지금 똑같은 상황이에요. 어떻게 잘 해결되셨어요?"

자신의 관심사, 최근의 신상변화, 혹은 작은 고민거리 등을 먼저 열어 보이면 대부분의 경우 상대방도 편안하게 자신의 이야기를 들려줄 것이다.

질문은 미래를 향할 때 생산적이 된다

뭔가 문제가 발생했거나 갈등이 일어났을 때 우리는 흔히 과거로 말머리를 돌린다.

"지난번에 내가 그렇게 말렸잖아."

"너 전부터 자꾸만 입방정 떨더니, 결국 이렇게 됐네."

대화가 이렇게 흘러가면 변명과 남 탓을 하기 바빠진다. 서로 다른 기억과 주장을 고집하다가 결국 다툼으로 이어지기 십상이다. 현재의 감정에만 치우친 대화도 경계해야 한다. 가장 이상적인 질문의 형태는 미래를 바라보는 것이다. 즉, 서로의 관계를 통해서 무엇을 이룰 수 있는지 생각하게 만드는 질문이다. 감정적 충돌로 헛바퀴 도는 대화가 지속된다고 느낀다면 적절한 순간 대화의 흐름을 바꾸는 것이 좋다.

"그럼, 우리 어떻게 하는 것이 좋을까?"

꽉 막혀 있던 벽이 일순 허물어지면서 문제 해결의 실마리를 찾는 마법을 경험하게 될 것이다. '나'가 아닌 '우리'라는 표현은 두 사람이 함께하고 있으며 앞으로도 동행하리라는 것을 효과적으로 암시한다.

어디서나 통하는 대화의 3원칙

언어철학자 그라이스(Grice)는 대화를 원만히 진행하기 위한 3가지 핵심적인 원칙을 제시했다.

첫째, 협력하라

우리의 의사소통은 상호성을 바탕으로 한다. 다시 말해 지금 서로 간에 이루어지는 대화의 흐름에 맞도록 말하고 해석해야 한다는 것이다. 대화에도 협력이 필요하다. 한쪽 방향으로만 치우치는 대화는 균형을 해친다. 대화의 협력을 위해서는 다음과 같은 세부 규칙을 지켜야 한다.

우선 양의 규칙이다. 대화의 목적에 필요한 만큼만 정보를 제공하라는 소리다. 필요 이상의 정보를 제공하는 것은 낭비이며 그럴 때 '투머치 토커'가 되고 만다.

다음은 질의 규칙이다. 언제든 진실한 정보만 제공해야 하며, 증거가 불충분하거나 사실이 아니라 짐작되는 말은 삼가야 한다.

마지막으로 태도의 규칙이 있다. 대화는 명료할수록 좋다. 모호한 표현, 중의적 표현을 피하고 듣는 입장에서 최대한 오해의 여지가 없도록 표현해야 한다.

둘째, 적절한 거리를 지키라

차가운 겨울날 고슴도치들이 추위를 피하기 위해 한곳으로 모여들어 서로에게 다가간다. 그런데 너무 가까이 다가서다 보면 서로의 날카로운 가시에 찔리고 만다. '앗, 따가워!' 싶은 고슴도치들은 한걸음 멀어지고 그럼 다시 한기가 밀려든다. 그렇게 다가섰다가 물러서기를 여러 차례 반복하다 보면 어느 순간, 서로 가시에 찔리지 않으면서도 온기를 나눌 수 있는 최적의 거리를 찾게 된다. 고슴도치의 가시는 서로의 적절한 거리를 확인해주는 근거가 된다.

추위를 피하기 위해 서로에게 다가가는 고슴도치처럼 우리들 인간도 소외감이나 외로움에서 벗어나기 위해 서로에게 다가간다. 그러나 거리가 너무 가까워지면 타인에게 종속되기 싫어하는 독립의 욕구가 발동한다. 누군가를 필요로 하면서도 동시에 자기만의 개인적인 영역을 지키고 싶어 하는 셈이다.

예를 들어 자신을 노출하는 것은 타인과 관계를 맺는 좋은 방법이지만, 지나친 자기 노출은 오히려 상대에게 부담을 준다. 만약 내가 가족 이야기를 하고 있는데 상대방은 일절 가족을 언급하지 않는다면 어떻게 해야 할까? 가장 좋은 것은 다른 주제로 넘어가는 것이다. "너희 가족은 어때?"라고 묻는 순간 그 사람은 가시에 찔린 고슴도치처럼 한걸음 멀어질 수 있다.

사람들에게서 흔히 볼 수 있는 잘못된 대화 습관 한 가지는 바로 '체크리스트 대화'다. 머릿속에 궁금한 것들을 죽 나열해놓고, 그것을 다 물으면 대화를 잘했다는 착각에 빠지는데 큰 오산이다. 특히 오랜만에 만난 사람에게 이런 실수를 자주 저지르게 된다. 하지만 배려 없이 사적인 질문 세례를 퍼붓는 것은 상대방을 곤혹스럽게 만든다.

셋째, 공손하라

대화는 단순히 정보를 교환하는 효율성만을 목적으로 하지 않는다. 대화를 통해 우리는 정체성을 확인하고 교류의 즐거움을 만끽한다. 그런데 어떤 교류의 여지도 주지 않는, 무미건조한 대화를 하는 사람들이 있다. 한마디로 오만한 대화다.

"지금 얘기 좀 합시다"와 "혹시 지금 시간 있으십니까?" 사이에는 큰 차이가 있다. 두 경우에 듣는 이는 전혀 다른 감정을 느낄 것이다. 대화할 때는 나보다 상대방을 높이는 공손한 태도가 전제되어야 한다.

마스크 너머로 긍정의 신호를 보내는 법

언택트 시대의 컨택트 만남에는 속도 조절이 필요하다. 영상 커뮤니케이션의 경우 자막 등 다양한 연출이 가능하기 때문에 약간의 속도감이 필요하다. 너무 느리면 오히려 산만해질 수 있다. 하지만 직접 만났을 때는 사정이 다르다. 마스크를 쓴 상태에서 대화를 해야 하고, 심리적으로도 위축되기가 쉽기 때문에 속도가 너무 빠르면 이해하기 힘들어진다. 이때는 천천히 명확히 말해주는 것이 좋다.

또한 무의식적인 접촉은 피하는 것이 상책이다. 예전에는 친근감을 표시할 때 어깨에 손을 올리는 등의 가벼운 스킨십이 효과적이었지만 이제는 상대방이 꺼려할 수 있다. 특히 처음 보는 사람에게 불쑥 악수를 건네는 것은 피해야 한다. 나야 상관없다고 생각할 수 있지만 상대방에게는 결례가 될지도 모르기 때문이다.

마스크를 쓰고 대화를 나눌 때 필요한 또 한 가지는 표정 관리다. 최근 길거리에 미남미녀가 많아졌다는 우스갯소리가 있다. 마스크로 얼굴 대부분을 가리고 있어 상대적으로 예쁘고 잘생겨 보인다는 이야기다. 대신에 마스크를 쓰면 시선은 자연스럽게 눈가 주변으로 쏠리게 된다. 반달 눈웃음까지는 아니더라도 눈 주변이 아래쪽으로 내려오는 듯한 표정일 때 호감을 얻기 쉽다. 그런 표정은 얼굴 전체로 웃는 연습을 반복하면 자연스럽게 지을 수 있다. 얼굴 전체에 큰 미소를 띠어 눈가가 내려오도록 평소에 표정 연습을 해두면 좋다.

제스처는 큰 편이 효과적이다. 아무래도 음성의 명료도가 떨어지기 때문에 비언어적인 면에서 보완이 필요하다. 〈톰과 제리〉라는 만화영화를 이용한 재미있는 실험이 하나 있다. 연구진은 피실험자에게 〈톰과 제리〉의 한 장면을 보여주고 이를 다른 사람에게 설명하도록 했다. 이때 한 그룹은 말로만 설명을 하고 다른 그룹은 큰 액션과 몸짓으로 내용을 표현하라고 주문했다. 내용을 얼마나 정확히 전달했느냐를 확인했을 때 양쪽에 큰 차이가 나타났다. 물론 액션과 몸짓을 이용한 그룹이 더 정확한 쪽이었다.

몸의 방향도 신경을 써주면 좋다. 서로의 배꼽이 마주보는 상태일 때 상대방의 공감을 얻기가 가장 쉽다. 즉, 상대를 마주보고 이야기하라는 것이다. 몸 전체를 상대방 쪽으로 향하지 않고 얼굴만 돌려 이야기할 경우, 성의 있다는 인상을 주기 힘들다. 몸의 중심을 움직이는 것은 관심과 호감의 표시다. 내가 기꺼이 몸 전체를 움직여 상대를 바라볼 때 그 사람에게 관심을 기울이고 있다는 신호를 줄 수 있다.

언택트 시대의 에티켓, 거리 지키기

사람과 사람 사이의 거리, 즉 공간은 비언어의 일종이다. 미국의 문화인류학자 에드워드 홀(Edward T. Hall)이 주장한 이론에 따르면, 심리적 거리는 물리적 거리로 환산할 수 있다. 우리가 실시하는 '사회적 거리 두기'가 이 이론에서 나온 것이다.

사람들이 떨어져 서 있는 거리를 보면 둘 사이의 관계를 짐작할 수 있다. 일례로 '공적 거리'는 교장 선생님이 훈시할 때 서는 거리다. 어린 시절 운동장에서 저 멀리 교장 선생님의 권위적인 모습에 거리감을 느낀 적이 있을 것이다. 대화를 나눌 때는 상황과 분위기에 따라 거리를 조절하는 것이 필요하다. 언택트 시대에 사회적 거리를 지키는 것이 예의지만 공감대가 형성되거나, 웃음이 나오거나, 관계에 진전이 있을 때 '개인적 거리', 즉 1.2미터 이내로 살짝 들어갔다가 나오는 것은 나쁘지 않다. 다음은 네 가지 종류의 거리에 대한 설명이다.

• **친밀한 거리(15~46cm):** 친밀한 거리는 연인 사이의 거리이다. 상대방의 존재가 확연하고 압도적으로 느껴진다. 체온, 체취, 숨소리, 숨결 등이 혼합되어 그 사람이 바로 곁에 있다는 명백한 신호를 보낸다. 사랑을 나누고, 싸우고, 위로해주고, 보호해주는 행위 등이 일어나는 거리로, 여기서 음성의 발성은 의사소통에 미미한 역할을 할 뿐이다.

• **개인적 거리(46~120cm):** 팔을 뻗어서 닿는 거리다. 개인적 거리는 사람 사이에 유지하는 일종의 안전 영역이라 할 수 있다. 마음먹으면 상대방을 만지거나 잡을 수 있으며, 상대방의 모습에 대한 시각적 왜곡은 일어나지 않는다. 향수를 사용하면 느껴지지만 숨결은 느껴지지 않는다. 각종 사교 모임과 친구와의 만남, 조용한 대화 등을 나눌 때 이 거리를 유지한다.

• **사회적 거리(1.2~3.6m):** 사회적 거리는 보통 목소리로 말할 때 들을 수 있는 거리이며, 낯선 사람과 유지하는 일반적 거리다. 공식적인 의사 결정을 수행할 때나 사회적 담화를 나눌 때 사회적 거리를 둔다.

• **공적 거리(3.6m 이상):** 목소리를 높여 이야기할 때의 거리로 언어학자들은 이 거리에서 단어나 어구의 선택이 신중해진다고 설명한다. 강의나 연설을 할 때, 혹은 공인이 일반 대중들 앞에서 취하는 거리다.

거절은 고도의 기술이 필요한 커뮤니케이션

한 번에 잘해야 '좋은 거절'이다

어느 날 연락이 뜸했던 선배에게 전화가 왔다.

"김 박사, 잘 지내? 강의 한 번 해라."

뭔가를 공짜로 부탁할 때 등장하는 온갖 요소들이 동원되었다. 재능 기부다, 비영리 단체다, 맛있는 밥 사줄게, 알아두면 좋은 사람이야, 정말 보람된 일이야……. 거절하기 힘들 정도로 집요하게 부탁을 하는 바람에 쉬운 일은 아니었지만 가겠다고 했다. 그렇게 강의를 마치고 왔는데 마음이 영 불편하다. 밥은 고사하고 고맙다는 전화 한 통 없는 선배를 떠올리니 '그냥 좋게 거절할 걸 그랬네'라는 생각이 절로 든다.

언택트 시대에는 여러 가지 거절할 상황이 생긴다. 내가 꺼려지고 찜찜하면 가지 않고 들어주지 않는 것이 원칙이다.

"적절히 거절하는 것이야말로 나를 지키고 효율적으로 일할 수 있는 최선의 방법이다."

스티브 잡스(Steve Jobs)가 한 말이다. 내 의사가 아닌 강요에 의해 어떤 일을 하는 것은 스스로를 지키지 못하는 일이다. 억지로 하고 나서 후회를 하게 되면 마음이 더 괴롭다. 거절을 제대로, 잘하는 것도 커뮤니케이션의 중요한 기술이다.

일단 생각해볼 문제는 '우리는 왜 거절을 잘하지 못할까?' 하는 것이다. 우리들 대부분은 물의를 일으키지 말라고 가르치는 사회에서 성장했다. 거절하는 것은 공손하지 못한 일이며 관계에서 문제를 일으킬 수 있다는 인식이 거절을 어렵게 만든다. 또한 모두에게 사랑받고 인정받고 싶은 마음이 원인이 되기도 한다. 때로는 권위에 도전하고 싶지 않은 마음에 거절을 하지 못할 때도 있다. 윗사람이 뭔가를 부탁하면 웬만해선 거절하기가 쉽지 않다.

하지만 거절은 건강한 관계를 위해서도 꼭 필요하다. 뭔가를 억지로 해서 서로 불편해지는 것보다는 내가 할 수 있는 것과 할 수 없는 것을 명확히 구분 지을 때 오히려 상대에게 신뢰를 줄 수 있다. 마지못해 하고 나서 상대방을 원망한다면 그 사람도 그것을 분명히 느낀다.

기분이 상하지 않는 거절의 요령

거절에도 요령이 필요하다. 일단 생각할 시간을 벌어야 한다.

"아, 그렇군요. 오늘까지 생각을 좀 해봐도 될까요?"

덜컥 받아들이지 말고 정중하게 시간을 달라고 말하는 것이다. 생각에 필요한 시간을 충분히 구한 뒤 내가 수용할 수 있는 일인지 찬찬히 생각해보자. 일단 덜컥 승낙해놓고 거절하기란 더 부담스러운 일이다.

고민할 때 한 가지 포인트는 '어느 정도 스트레스는 되지만 상대와의 관계를 위해 감내할 만한 일인가?' 하는 것이다. 냉정하게 판단해서, 되도록 부탁을 받은 그날 안에 답을 주는 편이 좋다.

거절의 요령 중 하나는 상대의 이야기를 끝까지 듣는 것이다. 누군가가 부탁을 하는데 말이 끝나기도 전에 끊는 사람들이 더러 있다. 심지어 통화 중에 "내가 지금 좀 바빠서 미안해." 하고 전화를 끊는 경우도 있다. 이렇게 작정하다시피 거절하는 것과, 사려 깊게 이야기를 들은 후 정중하게 거절하는 것은 천양지차이다.

어떤 태도가 좋은 관계에 더 도움이 될 것인가는 명확하다

상대의 이야기를 끝까지 들어야 하는 이유는, 그 사람의 입장과 고민을 충분히 알게 되어서 나의 사정이 여의치 않음을 밝히는 데도 도움이 되기 때문이다. 다시 말해 거절의 이유가 더 분명해지고, 거절이 훨씬 타당해진다는 것이다.

만약 거절을 하게 된다면 대안을 함께 제시하는 것이 좋다. 지금은 비록 이런저런 사정 때문에 거절하지만 나중에 구체적으로 어떻게 도울 수 있는지, 혹은 언제쯤에는 참석할 수 있는지 의사를 밝히는 것이다. 관계가 깊은 사람일수록 거절의 이유도 구체적으로 설명해야 한다. 물론 내가 부탁을 들어주어야 할 명분이 없는 사람이라거나, 그리 가깝지 않은데 무리한 부탁을 하는 경우라면 겸손하되 단호하게 거절하는 편이 현명하다.

아나운서들은 휴일 근무를 한다. 때로는 사정이 있어서 동료 아나운서와 근무일을 바꾸기도 하는데 그 과정이 생각보다 쉽지 않고 피곤하다. 나도 20년 넘게 근무하며 휴일 근무를 교체한 적이 여러 번이다. 부탁을 해보면 어떤 동료는 무조건 승낙한다. 그런데 하루가 지나기 전에 다시 연락이 와서 사정이 있어 안 되겠다고 말한다. 마음 놓고 있다가 다시 발등에 불이 떨어지는 격이다. 또 다른 동료 아나운서는 잘 바꿔주진 않지만, 한 번 승낙한 뒤에는 설령 본인한테 다른 일이 생겨도 끝까지 약속을 지킨다.

거절 자체보다도, 거절을 얼마나 신중히 제대로 하느냐가 신뢰에 더 큰 영향을 끼친다. 거절은 관계에서 꼭 필요한 하나의 커뮤니케이션이다. 거절할 당시에는 상대가 서운해할 수 있지만 긴 호흡으로 보면 이를 통해 신뢰를 쌓을 수 있다.

나도 이제는 강의 요청을 받으면 요청자와의 관계, 강연 목적, 내가 수용할 수 있는 일인가의 여부 등을 주체적으로 판단해서 신중히 결정을 내린다. 그것이 더 전문가답다는 생각이다.

칭찬과 지적의 기술

먹히는 지적은 이렇게 다르다

아나운서들은 지적을 받는 것이 일상이다. 나도 20년차가 넘었지만 새로운 프로그램에 들어가면 어김없이 모니터를 받는다. 후배들이 나의 방송 진행에 대해 이야기할 때면 민망하거나 당황스러울 때도 있다. 어찌 보면 아나운서의 숙명 같다는 생각을 한다. 지금이야 다른 사람의 지적을 가려 들을 수 있는 내공이 생겼지만, 예전에는 누군가의 말 한마디 한마디가 상처가 될 때도 많았다.

칭찬과 지적을 잘하는 것도 리더의 중요한 자질이다. 이왕에 지적을 하려면 그 지적으로 상황이 개선되고 상대방이 긍정적으로 변화하게끔, 효과적으로 해야 한다. 대인관계 실험의 권위자인 스탠퍼드 대학의 클리퍼드 나스(Clifford Nass) 교수에 의하면 지적을 한 후에 칭찬을 하는 것이 효과적이라고 한다.

대인관계 실험은 워낙 변수가 많기 때문에 나스 교수는 컴퓨터를 활용한다. 그는 실험에 참가한 사람들에게 '스무고개'나 '시뮬레이션 운전 중 길 찾기' 같은 상황을 주고, 컴퓨터가 지적을 하는 경우와 칭찬하는 경우 어떻게 반응하는지 살폈다.

결과를 종합해보면, 사람들은 칭찬보다 비판에 훨씬 민감하게 반응했다. 비판이 뇌를 깨운 것이다. 사람들은 비판을 받기 시작하면 앞선 상황은 잊고 현재 상황을 방어하는 데 집중한다. 특히 운전 중 길 찾기 실험에서 길을 잘 찾는다고 칭찬하다가 '운전이 불안하다, 서툴다'라는 반응을 주는 순간 사람들은 예민하게 돌변했다. 앞선 칭찬이 망각되는 '역행간섭'이 시작된 것이다. 비판과 지적을 받게 되면, 스스로를 방어하기 위해 온 신경을 집중하기 때문에 그 이전의 정보는 재생이 잘 되지 않는다.

이 같은 성향은 인간이 진화함에 따라 자연스럽게 강화되었다고 나스 교수는 주장한다. 대다수 종에 비해 수명이 긴 인간은 유년기가 끝나고 나면 오랜 시간 스스로 위험을 극복해나가야 한다. 그래서 인간은 생존하기 위해 부정적인 것에 집중하게 되었다. 자극이 감각기관에 전해지는 순간부터 뇌와 신체에서 온전히 처리될 때까지 우리는 부정적인 것에 모든 신경을 곤두세운다. 긍정적인 요소는 부차적인 사항일 뿐이다.

나스 교수의 실험을 통해 우리는 지적의 기술을 배울 수 있다. 지적을 먼저 한 뒤에는 칭찬을 하는 것이 효과적이다. 보통은 칭찬으로 먼저 운을 띄운 뒤 본론으로 들어가 지적을 하는 경우가 많은데, 방금 설명했듯이 지적이 시작되면 이전에 들었던 칭찬의 내용은 모두 망각하는 것이 인간이다.

또한 지적만 하는 것이 아니라 개선 방법을 제시하는 것이 좋다. 나스 박사의 실험에서도 컴퓨터가 단순히 지적만 하는 게 아니라 개선 방법을 친절히 설명해줄 때 사람들은 지적을 수용하고 인정했다. 그리고 그 지적은 구체적일수록 좋았다. 뭉뚱그려서 못한다고 말하는 것이 아니라, 근거를 가지고 지적하는 것이 효과적이다.

마지막으로 지적은 일관성이 있어야 한다. 지적을 할 때는 일정한 기준이 있어야 한다. 앞선 지적과 이후 지적에 일관성이 있을 때 사람들은 지적을 수용하고 개선하고자 했다.

칭찬한다고 다 칭찬이 아니다

|

그렇다면 칭찬은 어떻게 해야 효과적일까? 나스 교수의 실험에서도 기본적으로 칭찬은 사람을 기분 좋게 만들었다. 약간 터무니없는 칭찬도 효과적이었다. 하지만 좋은 성과를 내기 위해서는 '전략적인 칭찬'이 필요했다. 운전 시뮬레이션 실험에서 어떤 칭찬을 하는지에 따라 결과가 유의미하게 달라졌는데 우선, 무조건적인 칭찬은 피해야 한다. 지적과 마찬가지로 추상적인 칭찬이 아니라, 정확한 근거를 가지고 칭찬하는 것이 성과를 내는 데 도움이 되었다. "운전을 잘합니다"보다는 "코너를 부드럽게 도네요." 하는 식의 구체적인 칭찬이 의욕을 불러일으켰다.

그리고 또 한 가지, 목표를 만만한 것처럼 취급해서는 안 된다는 사실도 인상적이다. "당신이라면 100퍼센트 목표를 달성할 겁니다"라는 칭찬보다 "잘하고 있습니다. 쉽지 않겠지만 지금처럼 주의 깊게 운전하면 목표를 달성할 수 있을 겁니다"가 더 효과적이었다. 마냥 추켜세우기보다는 칭찬을 통해 주의를 환기시키는 것이 목표 달성에 더 도움이 된다는 것이다.

리더는 조직 내에서 수없이 칭찬과 지적을 한다. 칭찬이든 지적이든 무엇보다 상대에 대한 열린 마음이 우선되어야 한다고 생각한다. 즉, 상대를 인정하는 자세가 필요하다. 어떤 일에 실패한 직원에게 "자네는 능력이 부족해, 다른 걸 해봐"라고 말하는 건 그 사람의 가능성을 닫아버리는 일이다. 대신에 "이런 부분을 보완해서 다시 도전하면 될 거야." 하는 코멘트가 훨씬 더 의욕을 불러일으킨다. 상대의 가능성을 열린 마음으로 바라보는 것이다.

누군가와 대화를 한다는 것은 흰 도화지 위에 새롭게 그림을 그리는 것과도 비슷하다. 어떤 작품이 나올지는 어떻게 시작하는지에 따라, 그리고 어떻게 대화를 이끌어가는지에 따라 달라진다. 커뮤니케이션에서 대화의 원칙은 명확하지만 말 그대로 원칙일 뿐이다. 말하는 사람의 역량에 따라 앙상한 뼈대만을 그릴 수도, 도화지 가득 풍성한 그림을 그릴 수도 있다.

언택트 커뮤니케이션의 시대에 이전과는 다른 방식, 다른 각도일지라도 우리는 충분히 활기차고 깊이 있는 관계를 만들어낼 수 있다. 변화를 빠르게 받아들이고 새로운 시대에 걸맞은 커뮤니케이션에 대비하는 리더들이 조직을, 그리고 세상을 더 긍정적인 방향으로 나아가게 만들 것이다.

4장

온라인으로
소통해야 하는 시대,
테드TED처럼 하라

'밈'세대를
어떻게 사로잡을 것인가

얼마 전 '관짝 소년단'이라는 유쾌한 '짤'이 온라인에서 인기를 끌었다. 영상 속의 사람들은 분명 장례식을 치르고 있다. 그런데 엄숙한 분위기에서 망자를 추모하는 일반적인 의식과는 달라도 너무 다르다. 검은 정장을 입고 선글라스를 낀 남자들이 관을 어깨에 걸쳐 메고는 리듬에 맞추어 들썩들썩 춤을 춘다. 주변 사람들 역시 밝은 표정으로 손을 흔들며 장례 행렬을 뒤따른다. 이 영상은 놀랍게도 실제 아프리카 가나의 장례식 문화를 담은 것이며 2017년 BBC를 통해 처음 알려졌다. 그러나 영상이 세계적으로 주목받기 시작한 것은 얼마 되지 않았다. 귀에 잘 붙는 클럽 음악을 입혀 절묘한 '짤'로 사용하면서부터 국적을 불문하고 누리꾼들에게 인기를 끌게 되었다. 이와 같은 '밈(소셜미디어 등에서 특정 콘텐츠를 다양한 모습으로 패러디하며 즐기는 현상)' 현상은 기존의 영상에 훨씬 풍성하고 독특한 재미를 더한다.

가수 비의 〈깡〉이라는 뮤직비디오 역시 밈 현상으로 각광받는 콘텐츠다. 발표 당시 졸작이라고 조롱받았지만 이제는 '1일 3깡'이 유행이다. 하루에 세 번 밥 먹듯이 〈깡〉 뮤직비디오를 본다는, 누리꾼들의 애정 어린 표현이다.

기업 CEO나 조직의 리더들은 '관짝 소년단'이나 〈깡〉 같은 콘텐츠를 그저 '어린애들이 좋아하는 웃긴 영상' 정도로 치부해서는 안 된다.

예전에는 기업의 CEO나 임원들이 세미나나 워크숍 등을 통해 직원들에게 중요한 메시지를 전달하곤 했다. 의견을 나누고 결정할 때도 모두 한자리에 모여 앉아 이야기를 나누는 대면 회의 방식이 일반적이었다. 하지만 지금은 밀폐된 공간에서 얼굴을 맞대고 진행하는 집체 교육의 형태는 권장하지 않는다. KBS도 승진자 과정 등의 대면 연수는 현재 일괄적으로 중단한 상태다. 방송국의 월례 조회를 사내 영상으로 대체한 경우도 있었으며 세미나, '팀 빌딩' 같은 만남도 중단되었다.

회사에서 사람들끼리 접촉하는 행사를 열었다가 확진자라도 나오는 경우에는 막대한 피해를 입게 된다. 시설이 폐쇄되고, 주요 인력이 자가 격리될 위험도 있다. 더구나 서비스 업종의 경우라면 회사의 이미지도 타격을 입는다. CEO 입장에서는 당연히 부담을 느낄 수밖에 없다. 하지만 꼭 전해야 할 메시지는 있다. 기업의 비전과 회사의 미래, 구성원들에 대한 당부, 코로나19 위기 극복을 위한 제언 등 회사의 입장을 담은 메시지는 반드시 필요하다. 전자 문서로 대체할 수도 있겠지만 그보다는 영상을 통해 메시지를 전달하는 편이 훨씬 효과적이다.

물론 예전에도 사내 방송 형태의 영상은 있었지만 사내 스튜디오에서 짤막한 원고를 읽어 송출하는 정도였다. 그야말로 단순하게 '정보 전달'의 의미에 머물렀으며, 짜임새 있는 영상이라고 말하기는 어려운 수준이었다. 이런 방식으로는 고작해야 사내 게시판에 올리는 문장 몇 줄 정도의 효과밖에 발휘하지 못한다. 조직의 구성원들을 설득할 수 없는 것은 물론이다.

'관짝 소년단'이나 〈깡〉처럼 재미 요소와 살짝 비튼 유머 코드가 절묘하게 결합된 영상 콘텐츠에 열광하는 것이 요즘 세대다. 시선을 사로잡는 높은 품질의 콘텐츠여야 설득력이 있고, 사람들의 마음을 움직일 수 있다.

조직에서 직원들에게 송출하는 영상물도 이제는 완성도 높은 형태를 갖추어야 한다. 짜임새 있는 구성, 생생한 이야기, 감각적인 편집, 무대 운영 등이 모두 필요하다. 기업의 리더들이 마이크

앞에서 머릿속의 이야기를 두서없이 나열하는 시대는 이제 지났다. 같은 공간에서 마주보며 호흡할 수 없는 때이기에 더더욱 그렇다. 영상으로 메시지를 전달하는 모든 리더들은 한 편의 멋들어진 공연을 연출하는 공연기획자의 역할을 해야 한다.

모든 사장은 테드형 스피커가 되어야 한다

청중을 사로잡는 18분의 마법

강연자들이 18분 내에 자신의 스피치를 한 편의 공연처럼 연출하는 행사가 있다. 바로 테드(TED)다. 나는 이것을 하나의 문화로 보며, 여기서 이루어지는 방식을 '테드형 스피치'라고 부른다. 테드형 스피치는 앞서 말한 고품질 영상 콘텐츠의 핵심을 담고 있다. 특히 영상을 만드는 과정이 한 편의 공연 기획과도 같아야 한다는 점에서 그렇다.

2009년 한 컨퍼런스에서 연사로 나선 빌 게이츠(Bill Gates) 전 마이크로소프트 회장이 '모기와 말라리아'를 주제로 스피치를 진행했다. 말라리아가 아프리카 사람들에게 미치는 치명적인 영향을 설명하고 말라리아 퇴치에 동참하자고 호소하는 것이 스피치의 목적이었다. 여기서 빌 게이츠는 이렇게 말한다.

"말라리아는 모기가 옮기는 병입니다. 여기 제가 모기를 좀 데리고 왔습니다. 여러분도 한번쯤 경험해보셔야 할 것 같아서요. 자, 잠깐 여기 풀어놓겠습니다. 가난한 사람들만 말라리아로 고생하란 법은 없으니까요. 아, 제가 지금 풀어놓은 모기들은 깨끗하니 걱정 마세요."

이 일화는 테드 스피치의 매력을 보여주는 장면으로 손꼽힌다. 실제 모기떼를 푼 빌 게이츠의 돌발 행동은, 사람들이 말라리아의 위험을 피부로 느끼게끔 치밀하게 계획한 하나의 짧은 공연이라고 해도 좋을 것이다. 게이츠의 강연 시간은 18분이었고 모기 연출 부분은 전체 시간의 5퍼센트도 채 안 되었다. 하지만 이런 연출 덕분에 게이츠의 강연은 휘발되지 않고 지금까지도 회자되고 있다.

화려하게 꾸민 슬라이드가 아닌, 스피커 자신의 이야기와 기발한 아이디어만으로 청중과 18분간 호흡하는 강연이 바로 테드다. 테드의 본질은, 언택트 커뮤니케이션을 통해 조직 구성원들에게 메시지를 전할 때 반드시 적용해야 할 기술이기도 하다.

B급 감성으로 갈아입는 CEO들

최근 모 대기업 오너가 유튜브 형식의 사내 방송에 등장해 화제를 끌었다. 그룹에서 추진 중인 포럼을 홍보하는 영상인데 최근 인기 있는 다양한 요소들을 접목하여 호평을 받았다.

편안한 폴로 티셔츠를 받쳐 입은 회장은 '유튜브 꿈나무'라는 이름으로 소개된다. 마치 예능 프로그램 화면처럼 회장의 머리 위에는 말풍선이 떠 있다. 화면 속 그에게 미션이 하나 부여되는데 40초 안에 기업의 포럼을 몸으로 홍보하라는 것이다. 말은 하지 말고 몸만 사용하라는 주문에 애를 쓰던 그는 결국 답답한 마음에 겉옷을 벗어 보인다. 순간 회장의 몸 위로 '19금' 표시가 떠오른다.

"이거 참⋯⋯ 좋은데 뭐라 표현할 수가 없네"라며 멋쩍은 웃음을 짓는 그의 모습에 많은 사람들이 긍정적인 반응을 보였다. 그룹 오너가 권위를 벗어던지고 B급 감성으로 메시지를 전하다니 신선해 보일 법도 하다.

예전에는 회사에서 홍보해야 할 행사가 있을 때 주로 전자게시판이나 사내 방송을 이용했지만, 이제는 오너가 직접 영상을 찍는 경우가 흔하다. 워크숍처럼 직접 만날 수는 없지만 영상 속 리더의 열정적인 모습은 구성원들에게 감동을 전한다.

특히 앞의 사례처럼 규모가 큰 기업들은 테드와 비슷한 방식의 영상을 제작하는 것이 몇 년 전부터 트렌드로 자리 잡았다. CEO가 직접 강당에 서서 메시지를 전하면 그 모습을 녹화하고 적절히 편집해 조직 전체에 전달하는 방식이다. 단순히 원고를 읽는 것이 아니라 이렇게 공연 같은 느낌의 스피치 영상을 만들면 효과가 훨씬 크다. 이제는 회사의 규모를 떠나 모든 조직의 수장과 리더들이 영상 콘텐츠 제작을 이해하고 준비해야 하는 시대가 되었다. 아마 당장은 큰 필요를 느끼지 못하더라도 점차 더 실감하게 될 것이다.

영상을 제작한다고 하니 덜컥 겁을 내는 사람들도 있는데 걱정할 필요 없다. 요즘 스마트폰은 성능이 뛰어나다. 스마트폰으로 찍은 영상만 대상으로 하는 스마트폰 영화제도 있지 않은가? 기술은 충분하다. 중요한 것은 그 속에 어떤 메시지와 열정을 담는가다.

언택트 커뮤니케이션의 핵심을 테드에서 배울 수 있다고 설명했는데, 이는 최근 인기를 끌고 있는 유튜브의 방식과도 유사한 면이 있다.

유튜브 영상을 보면 10분 안쪽의 시간 동안 다양한 재미 요소를 배치해 사람들의 시선을 끈다. 유튜브의 수익 정책이 바뀌어 이제 구독자 수보다도, 중간에 끊지 않고 얼마나 시청을 지속하는지가 더 중요해졌다. 유튜버들이 온갖 아이디어를 동원해 사람들을 잡아두고자 노력하는 것도 그 때문이다. 사람들의 흥미를

유발한 뒤 메시지를 전하는 짧은 시간의 예술. 그것이 바로 테드
와 유튜브의 노하우다.

간결하면서도 강력한 테드의 원칙

테드가 어떻게 시작되었는지 짧은 역사를 살펴보면 테드의 정신
을 이해하는 데 도움이 될 것 같다.

테드 컨퍼런스는 1984년, 해리 마크스(Harry Marks)와 리처드
솔 워먼(Richard Saul Wurman) 두 공동 창업자에 의해 시작되었
다. 방송 디자인의 대부로 불리는 해리 마크스는 서로 다른 분야
의 인사들을 한데 모아 아이디어를 교환하는 자리를 만들면 좋겠
다는 생각을 했다. 이 아이디어를 국제 컨퍼런스 조직 경험이 있
는 리처드 솔 워먼과 논의했고 두 사람은 첫 번째 컨퍼런스를 캘
리포니아 몬터레이에서 개최했다.

초기 강연은 기술, 엔터테인먼트, 디자인 관련 분야로 국한했
다. 애플의 매킨토시 컴퓨터가 처음 발표된 곳도 바로 테드의 첫
컨퍼런스였다. 사실 초창기의 테드는 인맥 위주의 파티, 혹은 사
교 모임의 성격을 띠었다. 이 컨퍼런스가 세계적으로 알려지게
된 것은 컴퓨터 저널리스트 크리스 앤더슨(Chris Anderson)을 영
입하면서부터다.

2001년 앤더슨은 운영권 이전 계약을 체결하고서 테드의 큐레이터가 되었다. 이때부터 미국만이 아니라 다양한 나라의 연사들을 분야에 제한 없이 강연자로 초청하기 시작했다. 여기서 테드의 목표가 정립되었다. 바로 '가치 있는 아이디어의 확산(Ideas worth spreading)'이다. 18분 이내의 강연, 질문과 응답 시간 생략, 동시간대 단 하나의 강연이라는 테드만의 원칙도 이때 확립되었다. 간결하면서도 힘 있는 테드의 원칙과 정신은 이후 전 세계로 뻗어나가 영향력을 미치게 되었다.

테드에서 배우는 사장의 커뮤니케이션

테드의 철학은 청중을 중심으로 한다는 것, 그리고 가치를 공유한다는 것이다. 이 철학은 곧 모든 영상 콘텐츠의 핵심이라 생각한다. 본질과 관련 없는 거추장스러운 절차는 없애고 청중들이 편안하게, 그리고 한자리에서 하나의 강연에 집중하고 공유할 수 있는 것이 테드의 핵심 매력이다. 통상 컨퍼런스를 보면 동시간대에 여러 강연이 이루어지고 듣는 사람들이 선택을 하게 된다. 그에 비해 테드는 강연을 딱 하나만 진행해 가급적 많은 청중이 강연을 듣게끔 하고, 남은 시간에는 서로 의견을 교환할 수 있도록 소통의 장을 제공한다.

이런 형식도 중요하지만, 테드를 다른 강연과 구분 짓는 가장 큰 특징은 무엇보다 스피커의 행동 지침에서 나온다. 테드의 스피치 컨설턴트로 활동한 제레미 도너번(Jeremey Donovan)은 열 가지 행동 지침을 제시하는데 이 중 우리가 스피치에 적용할 만한 내용들을 간추리면 아래와 같다.

첫째, 스피커의 재능 혹은 내용을 단순하게 나열하지 마라. 테드는 가치 있는 아이디어를 확산하고 공유한다는 철학을 토대로 한다. 개인의 스펙과 경력을 자랑하는 자리가 아니라는 소리다. 적절한 개인사를 들려주는 것은 긍정적인 반응으로 이어지지만 그저 자랑하기 위한 자랑을 늘어놓는 것은 금물이다. 지난 경험과 그 과정을 통해 얻은 통찰을 들려주는 것이 중요하다. 다만 동영상 앞부분에, 이 주제에 대해 내가 어떤 경력을 가지고 있는지 그리고 어떤 경험을 했는지 미리 알려주는 것은 꼭 필요하다.

둘째, 놀랄 만한 무언가를 보여주거나 지금까지 없던 새로움을 공유하라. 자신의 꿈, 아이디어, 자신만의 놀라운 경험과 생각을 타인에게 전파하라는 것이다. 예를 들어 '동기 부여'를 주제로 메시지를 전한다면 막연히 열정을 가지라는 이야기만으로는 청중에게 울림을 줄 수 없다. 열정에 대한 자신의 생각, 열정을 유지할 수 있는 자기만의 노하우를 전수하는 것이 효과적이다. 이는 기업의 CEO

가 직원들에게 메시지를 전할 때도 마찬가지다. 다들 알고 있거나 쉽게 예상할 수 있는 이야기는 과감히 생략하고 본질에 집중해야 한다. 이야기의 배경에 대해서는 길게 설명할 필요가 없다. 결국 앞으로 어떻게 할 것인가에 초점을 맞추어, 자신만의 생각과 언어로 이야기하라.

셋째, 구체적 스토리를 들려주라. 스토리텔링 시 추상적으로 뭉뚱그려 이야기하면 아무런 메시지도 전달할 수 없다. 듣는 사람 입장에서는 심지어 꾸며낸 이야기처럼 느껴질 수도 있다.

"저는 과거에 어려운 일을 겪었습니다. 사업 부도가 났던 일인데요"라고 하기보다는 "2020년 봄, 4월은 저에게 잊을 수 없는 때입니다. 그해 코로나19가 갑작스레 온 나라를 휩쓸면서 제가 운영하던 여행 사업이 큰 타격을 입었습니다. 결국 매출 감소로 폐업을 하게 되었죠"라는 스토리가 훨씬 생생하다.

이야기는 구체적이어야 한다. 시기, 인물, 배경, 줄거리를 친절히 설명할수록 좋다. 사실이나 정보를 전달할 때도 스토리를 곁들이면 한결 생동감이 느껴진다. 생각해보라. "이 배터리는 13시간이나 지속됩니다"라는 설명과 "이 배터리로 서울에서 뉴욕까지 비행하는 내내 영화를 감상할 수 있습니다"라는 표현 중 어느 쪽이 더 와닿는가? 장애인 차별 실태에 관한 세미나보다는 영화 〈말아톤〉이, 아동 성폭력에 대한 시위보다 영화 〈도가니〉가 주는 임팩트가 훨씬 크다. 메시지는 살아 있는 이야기에 담을수록 효과적임을 기억하라.

넷째, 웃음이 청중을 사로잡는다. 유머는 청중의 마음을 열고 공감을 끌어내는 데 효과적인 도구다. 가장 쉽게 시도할 수 있는 유머는 자신을 낮추는 소위 '자기 폄하 유머'다. 사람들은 예상 밖의 결과가 발생했을 때 부조화를 느끼며 웃음을 터뜨린다. 그래서 뛰어난 업적을 쌓은 사람이나 존경받는 인물이 어처구니없는 실수담을 들려주면 웃음이 나온다. 유머를 구사할 때는 미리 거창한 계획을 세울 필요가 없다. 군이 짜임새 있는 유머가 아니어도 좋다. 본인의 솔직한 실수담을 천연덕스럽게 들려주는 것만으로도 꽤 괜찮은 유머가 된다.

다섯째, 열정을 보여줘라. 스피커의 열정은 무대에서의 움직임, 말투, 내용으로 전달된다. 한자리에 가만히 서거나 앉은 채로 이야기를 진행하는 것보다는 역동적인 움직임을 보여주는 것이 좋다. 활발한 손짓과 몸동작, 적극적인 눈 맞춤이 필요하다. 스티브 잡스의 무대 활용법을 보라. 공연을 펼치듯 동선을 자유자재로 이동해가며 역동감을 선사한다.

여섯째, 자유롭게 표현하라. 테드는 18분이라는 강연 시간을 규칙으로 제시한다. 그 18분을 어떻게 채우는가는 오로지 스피커의 역량에 달린 일이다. 자유롭게 의견과 아이디어를 표현하라. 그 안에서 노래, 연주, 공연, 퍼포먼스, 때로는 다른 연사에 대한 의견까지 다양하게 시도할 수 있다. 영상 속에서 평상시의 모습과는 다른 다양한 시도를 해보는 것이 중요하다. 기존의 틀을 깬 연출을 다채롭게 시도하고 그럴듯하게 편집하라. 스티브 잡스처럼 깜짝 게스트를 출연시키는 것도 좋은 방법이다.

일곱째, 스크립트를 읽지 마라. 테드 무대를 보면 원고를 두는 장소가 따로 없다. 대사를 미리 보여주는 프롬프터도 없다. 오직 청중을 바라보며 자신의 이야기를 전달해야 한다. 물론 많은 노력과 연습이 필요한 일이다. 만약 청중 없이 동영상을 제작한다면 프롬프터를 사용해도 괜찮지만 보고 읽는 티가 나서는 안 된다. 리허설을 통해 최대한 자연스러운 모습을 보여주어야 한다.

오바마(Barack Obama)가 프롬프터를 보고 말하면서도 자연스러운 것은 부단한 낭독 연습과 철저한 리허설을 했기 때문이다. 그의 낭독 연습을 도와준 스피치 컨설턴트 테드 소렌슨(Ted Sorensen)은 한때 존 F. 케네디(John F. Kennedy)의 스피치 코치를 맡았던 사람이다. 그에 따르면 두 대통령 모두 수없이 연습과 노력을 반복한 끝에 물 흐르듯 자연스러운 억양을 가지게 되었다고 한다.

여덟째, 시간을 준수하라. 서울에서 개최된 테드 강연에 참가한 적이 있다. 가장 고민했던 부분이 바로 강연 시간이었다. 전할 내용은 많은데 그것을 최대한 압축해서 주어진 시간 내에 마쳐야 했다. 테드의 시계는 거꾸로 카운트 된다. 시간을 준수한다는 것은 청중에 대한 예의이자 자신과의 싸움이다. 아무리 좋은 내용도 시간이 길어지면 지루해진다. 동영상 역시 마찬가지다. 어떤 이야기든 18분을 넘어가면 지루하다. 뇌 과학자들은 주장하기를, 인간의 집중 시간이 고작 8~12분 사이라고 한다. 강연 주제나 청중의 집중도를 고려해 최적의 시간을 찾는 것이 중요하다.

지금까지의 내용을 요약하자면 '최고의 메시지는 짧고 명료하다'는 것이다. 구체적이어야 하며, 압도적으로 놀랄 만한 이야기와 팩트 또한 담겨 있어야 한다. 이것이 바로 테드 스피치의 성공 비결이다. 이 비결은 기업에서 동영상을 제작해 직원들에게 메시지를 전할 때도 고스란히 적용할 수 있다

'아하' 하는 순간을 제공하라

강연을 들은 후 그 내용을 토대로 시험을 본다고 생각해보라. 아마도 강연이 끝나면 시험이 기다리고 있다는 불안감에 강연이

진행되는 동안 긴장하게 될 것이다. 강연 시간이 길어질수록 스트레스 또한 커지리라.

비단 스피커만이 강연 도중 긴장하는 것이 아니다. 현장에 앉아 있는 청중, 영상을 보는 시청자에게도 길고 지루한 내용은 스트레스가 된다. 설령 시험을 보지 않는다 해도 그렇다. 내 시간과 에너지를 들여 강연을 듣는 만큼 뭐라도 남는 게 있어야 한다는 생각이 부담으로 작용한다.

마치 역기에 바벨을 끼우는 것처럼 기억해야 할 정보가 많아질수록 스트레스는 가중된다. 그러다 기억력의 한계에 도달하면 사람은 기억하기를 포기한다. 이것이 바로 '인지 밀림 현상'이다. 인지 밀림 현상은 미국 텍사스대 폴 킹(Paul King) 박사가 주장한 이론으로, 인지 처리 과정이 혼잡해지면 육체적인 부담이 커진다고 설명한다. 강연에서 기억해야 할 내용이 많아질수록 인지 밀림 현상은 심해지고 결국 청중은 듣는 것을 고통으로 여기게 된다는 이야기다.

테드가 각광받게 된 비결 중 하나는 전직 대통령이든, CEO든, 학생이든 18분 이내라는 공평한 시간을 사용한다는 점이다. 테드의 큐레이터 크리스 앤더슨은 이렇게 말한다.

"청중이 지적 자극을 받고 '아하' 하는 순간(aha moment!)을 경험하기에 18분은 충분한 시간이다."

영상을 보는 청중은 시공간의 제약을 받지 않는다. 달리 말하자면 직접 대면할 때에 비해 집중도는 더 저하된다. 영상의 소구력이 부족하면 그저 쳐다보기만 할 뿐 집중하지 않을 것이다. 다양한 형태의 영상 메시지를 활용하게 될 언택트 커뮤니케이션 시대에, 청중의 집중도를 높이기 위한 방법을 소개한다.

1. 간결한 메시지 : 메시지의 다이어트가 중요하다. 인지 밀림 현상에서 알 수 있듯이 많은 내용을 이야기한다고 해서 효과적인 것은 아니다. 특히 비대면, 언택트 시대에는 회의를 영상으로 진행하는 경우가 잦고, 직접 만나는 회의나 미팅도 짧은 시간 안에 마무리된다. 따라서 핵심만 정확히 표현하는 것이 중요하다. 사람들은 스피커의 지적 수준이나 성과에 관심을 두지 않는다. 중요한 것은 스피커가 말하고자 하는 '하나의 강렬한 메시지'다. 임팩트 있는 하나의 메시지는 청중들이 스스로 나머지 내용을 탐색하게끔 이끈다. 그것이 효과적인 커뮤니케이션의 방법이다.

창의력은 지적 제약 아래 꽃을 피운다고 한다.《덜어냄의 법칙》이라는 책을 쓴 매튜 메이(Matthew E. May)는 이 책에서 설명하기를, 발표나 강의를 할 때 어떤 제약이나 경계를 지어주면 오히려 창의성이 발동하는 토대가 된다고 말한다. 야후의 CEO였던 머리사 메이어(Marissa Ann Mayer)도 동일한 맥락에서 '제약이 창의성을 자극한다'고 역설했다. 강력한 영감으로 태어나는 예술도 여러 제약이라는 틀 속에서 형성되며, 그 제약을 극복하는 과정에서 더 빛을 발한다는 것이다.

그런 점에서 테드에는 '시간'이라는 강력한 제약이 있고 스피커는 이 시간에 맞추기 위해 고민하고 씨름한다. 그 결과 짜임새 있고 핵심 메시지가 녹아 있는 '고유의 콘텐츠'가 나오게 되는 것이다.

간결하고 짧은 스피치가 설득의 측면에서 더 효과적이라는 사실은 뇌과학으로도 설명할 수 있다. 두뇌는 새로운 정보를 처리하는 과정에서 포도당과 산소, 혈류가 과도하게 소비된다. 이는 곧 피로로 이어진다. 내용이 뒤죽박죽인 혼란스러운 발표나 영상을 장시간 듣는 일은 뇌를 혹사시키는 것과도 마찬가지다. 누군가의 일방적인 이야기를 오랫동안 들었을 때 머리가 멍해지는 경험을 한번쯤 해보았을 텐데, 이야기를 듣는 일이 에너지를 소비하는 노동으로 변질되었기 때문이다.

아리스토텔레스가 저서 《수사학》에서 '설득력 있는 표현의 원칙'으로 꼽은 정확성, 명료성, 적절성은 여전히 유효하며 스피치의 핵심이다. 영상 안에 강력한 메시지를 담을 수만 있다면 10분 내외의 시간만으로도 충분하다고 나는 생각한다.

2. 쉬운 어휘와 표현 : 텍스트의 가독성을 평가하는 '플레시-킨케이트 독해 평가법'이라는 것이 있다. 1975년 피터 킨케이드가 개

발하여 이후 미 국방부에도 채택된 평가법이다. 여기서는 단어와 문장의 길이, 사용한 어휘의 난이도를 평가해 텍스트의 등급을 나누는데, 이 등급은 곧 '해당 텍스트를 이해하기 위해서는 몇 년의 학습이 필요한가'를 의미한다. 이 평가법에 따르면 〈뉴욕타임스〉 기사는 9년 이상의 학습이 필요하고, 일반 대중을 대상으로 하는 강연의 경우 8년 수준의 교육이 필요하다. 그러나 테드 강연의 경우 놀랍게도 평균 6년 정도 수준의 어휘를 사용하는 것으로 나타났다.

스티브 잡스의 프리젠테이션은 초등학생도 알아들을 만큼 쉬운 것으로 잘 알려져 있다. 뛰어난 스피커는 어려운 개념도 쉽게 설명한다. 반면 쉬운 개념도 어렵게 설명하는 사람은 자신을 뽐내기 위한 어리석은 스피커다. 영상을 보는 시청자의 지적 수준과 환경에 따라 집중도는 저마다 달라지게 마련이다. 따라서 쉽고 가볍게 표현해야 누구에게든 원하는 메시지를 정확히 전달할 수 있다. 텔레비전 방송이 중학교 2학년 수준의 눈높이에 맞춰진 것도 동일한 맥락이다.

3. 통계 자료의 활용 : 테드의 특성상 과학적 이슈, 사회경제학적인 이슈를 많이 다룬다. 이때 쉬운 통계 자료를 적절히 사용하면 내용을 더 효과적으로 전달할 수 있다. 통계를 인용할 때도 18분이라는 시간 제약 속에서 온갖 창조적인 방법이 동원된다.

'미국인들은 잘못된 식습관으로 매년 11만 7,000명이 사망한다'라는 통계를 스타 쉐프 제이미 올리버(Jamie Oliver)는 어떻게 표현했을까? 2010년 테드 강연에서 그는 이렇게 이야기했다.

"안타깝게도 앞으로 제가 말하는 18분 동안 네 명의 미국인들이 식습관 때문에 사망할 것입니다."

통계 수치 자체가 중요한 것이 아니라 그 숫자의 의미가 중요하며, 또한 그 숫자를 청중들에게 어떻게 이해시키느냐가 관건이다. 기업의 경영 실적 관련 지표를 설명하더라도 수치를 줄줄 나열하기보다, 그 수치의 의미를 예로 들어 설명하는 편이 더 효과적이다. 청자가 숫자의 의미를 분명히 이해하고 거기서 강한 인상을 받았다면, 나머지 정보는 스스로 찾게 될 것이다.

4. 짜임새 있는 구조 : 스토리를 구조화할 때는 '3의 법칙'을 활용하면 도움이 된다. 3의 법칙이란, 사람들이 세 조각의 정보를 잘 기억한다는 것이다. 세 항목을 넘어서면 기억 능력은 급격히 떨어진다. 인간의 뇌는 외부에서 들어온 정보를 단기기억(short-term), 혹은 작업기억(working memory)에 저장한다. 이때 정보가 세 덩어리 이상이 되면 하중이 걸린다.

흔히 사용하는 이야기의 3단계 구조는 다음과 같다. 1단계, 전체 주제를 헤드라인 형태로 제시한다. 2단계, 헤드라인을 지지하는 세 개의 핵심 메시지 담는다. 마지막 3단계에는 메시지 각각에 근거, 사례, 통계 자료를 더해 내용을 확장시킨다.

또 다른 형태로 서론부, 진술부, 증명부, 결론부의 구조를 택할 수도 있다. 서론부는 청중의 호감을 사고 관심을 끄는 단계다. 진술부는 주제와 주장을 제시하는 단계로 무엇보다 명확성과 간결함이 필요하다. 증명부에서는 앞선 주장에 근거를 제시하고 마지막 결론부에서 개인적인 일화, 느낌 등을 언급하며 감정에 호소한다.

어떤 구조를 택하든 18분 동안 중언부언하지 않도록 탄탄한 구조를 설계하는 것이 중요하다.

5. 스토리텔링 : 인권 변호사 브라이언 스티븐슨(Bryan Stevenson)은 테드 역사상 가장 긴 기립박수를 받은 것으로 유명하다. 2012년 3월 그가 선보인 테드 스피치 가운데 65퍼센트는 이야기로 채워져 있었다.

그의 강연을 에토스, 파토스, 로고스를 기준으로 분석했더니 이성적 내용인 로고스가 25퍼센트, 스피커 자신과 관련된 에토스는 10퍼센트, 그리고 감성적인 '이야기'에 해당하는 파토스가 무려 65퍼센트를 이루었다. 앞서도 말했듯이 어떤 강연이든 구체적이고 생생한 이야기가 뒷받침되어야 청중의 자발적인 집중을 끌어낼 수 있다.

6. 적절한 속도감 : 오디오북을 분석해보면 평균적으로 분당 150
~160개의 단어를 들려준다. 테드는 그보다 속도가 더 빠르다.
제스처, 눈 맞춤 등 비언어적 요소를 함께 사용하기 때문에 평균
190개 단어를 소화한다. 스피치를 할 때 의도적으로 천천히 말할
필요는 없다. 특히 영상이라면 어느 정도 속도감이 있어야 비언
어적인 요소와 결합해 역동성을 자아낸다. 효과적인 스피치 방법
은 완급을 조절하는 것이다. 천천히 강조하며 설명하다가 긴장감
있게 빨리 치고 나가는 등, 때에 따라 속도를 풀고 조여야 한다.

영상 제작 시에는 자막을 넣는 것도 효과적이다. 영상은 쉬지
않고 흘러가지만, 그중 유일하게 멈춰 있는 요소가 바로 자막이
다. 자막은 영상의 흐름을 이어주는 역할을 하며, 사람들에게 이
런저런 상상을 할 여지를 제공하기도 한다. 단순히 스피치 내용
을 요약하는 것을 넘어 기발하고 센스 있는 자막 처리도 필요하
다. '예능의 반은 자막'이라는 말이 있을 정도로 방송 예능 PD의
중요한 능력 중 하나가 바로 자막 뽑기다. 영상을 살리는 화룡점
정은 자막임을 잊지 말자.

유튜브의 감성으로 조직과 소통하라

2005년 2월 페이팔의 직원이었던 채드 헐리(Chad Hurley), 스티

브 첸(Steve Chen), 조드 카림(Jawed Karim)은 '유튜브'라는 작은 회사를 설립했다. 세 명의 창립 멤버는 '모두가 쉽게 비디오 영상을 공유할 수 있는 기술'을 생각해냈고 이것이 현재 유튜브의 시초가 되었다. 이들이 처음 유튜브를 만들었을 때 지금과 같은 모습으로 성장하리라고 예상이나 했을까? 유튜브가 이렇게 전 세계적인 인기 매체로 급등한 이유는, 바로 이 매체의 특성이 시대 흐름과 들어맞았기 때문이다

"미디어는 메시지다."

커뮤니케이션 학자 매클루언(Marshall Mcluhan)의 이 간결한 한마디는 60여 년이 지난 지금도 여전히 유효하다. 미디어의 특성에 따라, 이용자는 메시지를 다르게 인식할 수도 있다는 소리다. 실제로 유튜브라는 뉴미디어의 특성은 이용자의 인식을 바꾸고 세계 전체를 변화시키는 중이다. 새로운 매체라는 운동장에서 이용자들은 자기만의 콘텐츠를 올리고 소비하며 진화한다.

새로운 미디어로서 유튜브의 특징을 꼽자면 상호작용성, 즉시연결성, 이용편리성으로 정리할 수 있다. 다시 말해 언제든지 편하게 다른 사람들과 쉽게 연결될 수 있다는 것이다. 앞서 언급한 모 그룹 오너의 사내 방송처럼, 유튜브 형식의 영상은 앞으로도 더 많은 기업과 조직에서 채용할 것이다. 지금의 젊은 세대와 소통하기 위해서는 유튜브의 세계를 이해할 필요가 있다.

유튜브가 콘텐츠를 다루는 방식은 테드와도 유사한 측면이 있

다. 우선 간결성이다. 테드는 18분 이내지만 유튜브 영상은 10분 정도로 유지된다. 특히 처음 30초 이내에 여러 장치를 동원하여 사람들의 시선을 끈다. 최근 유튜브의 수익 정책이 구독자 수가 아닌 지속 시간으로 바뀌면서 크리에이터들은 다양한 연출과 유머, 시연 등을 끊임없이 선보인다. 이때 설명에 불필요한 것들은 과감히 제거한다. 예를 들어 요리나 메이크업 등의 정보를 설명할 때는 손과 얼굴만 집중적으로 보여준다. 전체 화면으로 시선을 분산시키지 않고, 그 상황에 사람들이 흥미로워할 부분만 집중적으로 간결하게 비춘다.

테드와 유튜브의 두 번째 공통점은 '쉬운 표현'이다. 유튜브 영상을 만드는 사람들은 자신의 콘텐츠를 소비하는 계층을 정확히 파악하고 그들의 눈높이에서 쉽게 말한다. 테드의 강연자가 평균적으로 쉬운 언어를 사용한다면 유뷰트는 채널 특성에 맞추어 이용자들의 일상 언어를 주로 사용한다. 영상 언어는 무엇보다도 쉬워야 함을 되새기게 되는 대목이다.

세 번째는 스토리텔링, 이야기가 있다는 점이다. 콘텐츠에서 이야기 자체가 중심이 아닐지라도 개인적인 경험이나 사례를 포함하는 경우가 많다. 맥락에 맞는 적절하고 구체적인 사례일수록 시청자는 몰입하게 된다. 다시 강조하지만, 이야기와 서사를 이기는 콘텐츠는 없다.

물론 유튜브가 테드와는 구별되는 점도 있다. 일단 유튜브는 자극적이다. 때로는 지나치게 자극적인 내용에만 편중해 시청자의 눈살을 찌푸리게 만드는 경우도 있다. 특화된 코너를 운영한다는 점도 유튜브의 특성이다. ASMR 같은 음성 중심의 콘텐츠, 리뷰나 리액션 전문 콘텐츠 등 기존 영상에서 볼 수 없는 다양한 시도를 하기도 한다. 유머 코드 또한 유튜브를 특별하게 만드는 요소다. 소위 '병맛'이라고 하는 B급 유머가 대세를 이루고 있다. 저절로 피식 하고 실소를 흘리게 되는 오락적 재미가 유튜브에서는 중요하다.

앞으로 영상을 제작하여 조직의 구성원들과 소통하고자 하는 리더들은 유튜브의 이런 특징을 정확히 파악하고 이해해야 한다. 요즘의 청중들이 원하는 것은 무엇인지, 어떤 방식의 메시지 전달이 효과적인지를 알아야 적절한 언택트 커뮤니케이션이 가능하다. T.P.O에 맞추어 유튜브의 다양한 특성을 차용해보는 것도 권장할 만하다.

사장의 스피치는
한 편의 공연이다

철저한 리허설이 두고두고 회자되는 스피치를 만든다

나는 기업 CEO들을 대상으로 스피치 코칭을 오랫동안 해왔는데, 최근 들어 수요에 변화가 생겼다. 예전에는 프레젠테이션이나 스피치의 기술에 대한 코칭을 요청하는 경우가 많았던 것에 비해 얼마 전부터는 '테드형 스피치'의 수요가 늘어나고 있다.

테드형 스피치라 하면, 강당 등의 장소에 소수 청중만 앞에 두고 스피치를 진행하는 것이다. 이를 영상으로 녹화하고 편집해서 조직 전체와 공유한다. 나는 원고의 구성 단계서부터 최종 리허설, 녹화 과정까지 전 과정을 코칭하는데 매번 느끼는 것이 있다. 바로 '리허설'이 중요하다는 것이다. 리허설을 철저히 체계적으로 한 스피커와 그렇지 않은 스피커는 실전에서 너무도 많은 차이가 난다.

코칭을 맡았던 한 CEO는 처음 봤을 때부터 '로봇'같다는 인상을 받았다. 한마디로 무표정했다. 감정을 거의 드러내지 않았고 더구나 말이 너무 무미건조했다. 당시 그 회사가 조직 개편을 앞둔 시점이었기에, CEO는 진심이 담긴 스피치를 하고 싶다고 했다. 속으로 쉽지 않겠다는 생각이 들었다. 그동안 이 CEO가 어떻게 스피치를 했는지 알아보니 교장 선생님처럼 연단에 서서 원고를 읽거나, 심지어 앉은 채로 스피치를 하는 식이었다.

내가 제안한 것은 테드형 스피치였다. 이 CEO의 성향이나 스피치 능력으로 봤을 때 힘들 수도 있겠지만 최선을 다해보고 싶었다. 바쁜 일정 중에도 CEO는 주말까지 나와서 맹연습에 돌입했다. 때때로 밤늦게 연락해 궁금한 점을 물어보기도 했다. 사실 전문가가 아닌 이상, 원고를 보지 않고 무대 전체를 활용하여 스피치를 한다는 것은 상당한 고난이도 작업이었다.

짧은 기간 그야말로 최선을 다한 CEO가 발표를 하던 날, 그는 '완벽'하진 않을지라도 '완전한'스피치를 보여주었다. 기술적으로는 실수가 있었다. 몇 군데 말할 내용을 잊기도 했고 무대 위 움직임도 여전히 어색한 부분이 더러 있었다. 하지만 땀방울이 송송 맺힌 얼굴로 구성원들과 일일이 눈을 맞추고 이 변화가 왜 필요한지 이야기하는 순간, 진심이 전해지는 뜨거운 스피치였다고 확신한다.

스피치는 완벽히 매끄럽게 하는 것이 목적이 아니다. 중요한 것은 스스로 준비하는 과정을 통해 그 안에 '진심'을 담아내는 일이다. 그 CEO는 자신의 방식을 버리고 새로운 시도를 통해 구성원들에게 메시지를 보냈다. 최선을 다해 리허설을 하고 직원들을 만날 준비를 하는 과정에서 그의 노력과 진심은 온전히 전해졌을 것이다.

스티브 잡스는 왜 강연장에 발전기를 준비했나

또 다른 CEO의 경우, 업계에서 스피치를 잘하기로 소문난 분이었다. 비서실에서 연락이 왔을 때 내심 의외라고 생각했다. 굳이 코칭을 받지 않아도 될 것 같았기 때문이다. 곧 신상품을 출시하는데 호텔에서 CEO가 직접 프레젠테이션을 한다고 했다. 준비는 다 되어 있으니 당일 오전 리허설에 참석해 코칭을 해달라는 요청이었다. 하지만 당일 아침 현장에서 처음 만나 코칭을 해봐야 큰 소득이 있을 리가 없었다. 나는 적어도 며칠 전에라도 만나야 한다고 주장했지만 일정상 날짜를 잡기가 어려웠기에, 어쩔 수 없이 발표 당일 직접 뵙게 되었다.

역시 언변이 좋았다. 그런데 무대에 올라선 순간 당황한 기색이 역력했다. 프롬프터를 읽어야 하는데 평상시 원고 없이 말하는 것을 선호하던 이 CEO 스타일에는 영 어색하기만 했다. 게다가 프롬프터는 한 대가 아닌 여러 대였다. 자연스럽게 몸을 움직이며 읽어야 하는데 동선이 꼬이기 시작했다. 오독도 남발했다.

결국 내가 내린 판단은 무리하게 움직이기보다 한자리에 서서 프레젠테이션을 하는 편이 낫다는 것이었다. 시간이 없었다. 리허설을 오늘 처음 하지 않고, 미리 한 번이라도 코칭을 받았다면 훨씬 좋은 퍼포먼스가 나올 수 있었을 텐데 하는 아쉬움이 남았다. 이 CEO의 스피치는 여러 사람의 기대에 미치지 못했다. 평소보다도 훨씬 부자연스러웠고, 그렇다 보니 메시지를 전달하는 힘이 약했다. 스피치에서 리허설과 반복적인 연습이 얼마나 중요한가를 새삼 실감했던 사례다.

스티브 잡스가 완벽에 가까운 스피치, 즉 한 편의 공연과도 같은 퍼포먼스를 구성할 수 있었던 배경은 다름 아닌 '철저한 리허설'이다. 그는 시나리오 리허설, 무대 리허설 등 여러 번의 연습 과정을 거쳐 완벽에 가깝게 준비한다. 예상치 못한 상황에 대비해 현장에 예비 발전기를 준비했다는 유명한 일화도 있듯이, 그는 조금의 빈틈도 허락하지 않았다. 이처럼 한 편의 공연을 준비하듯 마지막까지 최선을 다하는 노력은 청중들에게 고스란히 전해져 빛을 발한다.

리더가 알아야 할 스피치 리허설 노하우

영상을 제작하는 과정은 기본적으로 드라마 제작과도 같아야 한다. 대본 리딩, 동선 확인, 그리고 본 녹화. 이렇게 순서에 따라 차근차근 준비해야 한다. 한 번 찍은 영상은 오랫동안 공유되고, 경우에 따라 크게 회자될 수도 있다. 혹시 영상이 유튜브에 올라오기라도 한다면 언제 어디서든, 누구나 볼 수 있게 되므로 더욱 신경을 써야 한다.

리더들이 알아야 할 영상 제작 리허설의 원칙과 요령을 지금부터 설명하려 한다. 물론 모든 상황에 똑같이 적용해야 한다는 것은 아니다. 영상의 내용이나 목적, 제작 방법에 따라 저마다 사정에 맞게 취사선택하면 된다.

리허설은 실전처럼 진행하라

스피치 리허설을 준비하며 가장 신경을 많이 쓰는 부분은 실제 강연장과 유사한 환경을 만드는 것이다. 물론 가장 좋은 방법은 동일한 장소를 미리 빌려 리허설을 하는 것이다. 그러나 이 방법은 여건상 어려운 경우가 많기 때문에 사무실 중에서 가장 유사한 환경을 찾는 편이다. 그런데 어떤 경우, 회사 대표가 실무진을 상대로 스피치 리허설을 하다 말고 쑥스럽다는 이유로 중간에 불쑥 끊기도 한다.

보통 '내가 사장인데 왜 다른 사람 눈치를 봐야 하는 거야. 사람들이 내 눈치를 봐야지.' 하는 마음이라면 리허설 무대에 오르는 것 자체를 좋아하지 않는다. 어찌됐든 평가가 이루어지기 때문이다. 수많은 실무진, 외주 인력과 녹화 스태프, 그리고 스피치 코치까지 자신의 일거수일투족을 관찰한다고 생각하면 불편하고 언짢기도 하다. 그래서 많은 분들이 쑥스러워하며 중간에 이런 멘트를 던지면서 흐름을 끊는다.

"이거, 내용이 좀 이상한데?", "잠깐만, 슬라이드 디자인이 별로인 것 같아", "여기 새로운 페이지 좀 넣지", "오늘은 이쯤에서 그만하지?"

모두 본인이 스피치를 하다가 멈칫했을 때 보이는 반응이다. 아마 자신이 준비가 안 돼 있음을 들키고 싶지 않은 마음에서 나오는 행동이리라. 하지만 이렇게 되면 고역을 치르는 건 실무진이다. 시나리오를 교체하거나 슬라이드 디자인을 바꾸는 등 소모적인 일로 고생을 한다. 실무진이 난처하지 않게 상황을 조율하는 것도 코치의 역할이다. 나도 요령이 생겨서 사장이 중간에 멈칫하거나 흐름을 끊으려고 하면 큰 몸동작과 함께 지레 선수를 친다.

"사장님, 지금까지 아주 좋았습니다! 괜찮습니다. 계속하시죠?"

그러면 머쓱해하면서도 끝까지 스피치를 이어간다. 리허설에서 중요한 것은 절대로 끊지 말고 한 호흡에 가는 것이다. 마치 뉴스처럼 말이다. 뉴스 앵커가 생방송 도중에 "제가 말이 꼬였네요. 다시 하겠습니다"라고 하는 법은 없다. 그럴 수도 없고, 그런 경우를 상상할 수도 없다.

리허설은 한 호흡에 운영해봐야 전체를 들여다볼 수 있고 자신의 문제점을 객관적으로 인식할 수 있다. 특히 최종 무대 리허설이라면 더욱 그렇다. 강연자는 무대의 전체 흐름을 충분히 소화하고 적응하기 위해 적극적으로 리허설에 임해야 한다.

녹화와 모니터는 반드시 하라

스피치가 발전하려면 본인에게 어떤 문제점이 있는지 인지하는 것이 무엇보다 중요하다. 여건이 된다면 전문가의 피드백을 받는 것을 추천한다. 동료나 부하 직원의 피드백은 한계가 있을 수밖에 없다. 주먹구구식 일관성 없는 평가는 오히려 독이 될 뿐이다. 스피치 구성 요소 즉, 음성, 콘텐츠, 외형, 비언어 등을 각각 객관적인 척도로 평가받고 피드백을 듣는 것이 좋다. 전문가의 피드백을 들은 후 녹화된 자신의 영상을 확인할 때 스스로의 문제를 명확하게 파악할 수 있고 그 지점에서 발전하게 된다. 어쩌면 당연한 이야기일 테지만 내가 어떤 문제가 있는지 명확히 인지할 때만 그것을 바꿀 수 있다.

순서에 따라 체계적으로 리허설하라

독일의 피아니스트 클라라 슈만(Clara Josephine Schumann)은 열여덟 살이던 1837년, 음악 역사상 처음으로 악보 없이 무대에 올랐다. 지금이야 피아노 독주회에서 악보를 들고 무대에 서는 연주자가 오히려 드물지만, 당시에는 악보 없이 연주하면 격식을 갖추지 않은 무례한 행동이라 여겼다. 당시 사람들의 부정적인 반응에 슈만은 "외워서 연주하면 힘찬 날갯짓을 하며 하늘로 날아오르는 기분"이라고 응수했다. 악보를 따라가지 않고 음악 자체에 몰입했던 슈만의 열정이 담긴 말이다.

악보를 외워서 연주하면 음악에 심취해 감정을 풍부하게 담아낼 수 있는 것처럼, 스피치도 대본을 읽지 않고 내 것으로 소화해 말할 때 더 유려해진다. 물론 전체 스피치를 완벽히 소화하기 위해서는 체계적인 리허설이 중요하다. 피아니스트가 악보를 완전히 자기 것으로 소화하기 위해 얼마나 수많은 연습을 반복할지 상상해보라. 강단 위의 스피커 또한 마찬가지 과정을 통해 스피치 전체를 이해하고 숙지할 수 있다.

어떤 사람들은 급한 마음에, 혹은 넘치는 자신감에 바로 무대에 올라 연습을 반복하기도 한다. 그러니까 대본을 미리 익히기도 전에 무대 리허설부터 하는 것이다. 하지만 무대 리허설은 동선과 비언어적인 부분, 즉 전체적인 그림을 파악하기 위한 것이다. 이 단계에 들어서기 전에 내용을 숙지하는 것이 먼저다. 제대로 된 순서는 대본 낭독 연습, 무대 리허설, 그리고 마지막이 시뮬레이션 연습이다.

결국 스피치의 핵심은 '오리진 콘텐츠'다. 화려한 연출이 뒷받침될지라도 그 안에 고유의 콘텐츠가 없으면 무의미하다. 적어도 전체 흐름에서 강조할 부분, 설명할 부분, 비교할 부분, 묘사할 부분을 구분해두어야 한다. 강조 부분에서는 이번 스피치의 핵심을 말한다. 설명 부분에서는 제안의 배경과 과정을 논리적으로 전달하고, 비교 부분에서는 주로 우리나라와 외국, 혹은 자사와 타 기업 등을 비교한다. 묘사 부분은 스피커의 제안이 제대로 실행된다면 앞으로 어떤 결과를 거둘 수 있을지 상상하도록 만드는 단계다.

이제 이 네 가지 부분을 대본에 표기하고 낭독 연습을 한다. 각 영역을 구분 짓지 않으면 어조가 단조로워지고 처음부터 끝까지 굴곡 없이 밋밋한 강연이 되고 만다. 네 가지 영역을 대본에 표시해놓고 의식하는 것만으로도 연설이 그처럼 단조로워지는 것을 예방할 수 있다.

낭독 연습을 반복해서 대본이 자연스럽게 입에 붙는 단계에 도달했다면 무대 리허설을 할 차례다. 무대 리허설은 전체 흐름을 꿰뚫어보고 동선과 시간을 일일이 확인하는 과정이다. 특히 제스처, 움직임, 눈빛, 자세 같은 비언어 부분을 세밀하게 체크해야 한다. 어느 부분에서 몸을 어떻게 움직이고 시선은 어디에 둘지 미리 동선을 확인하라.

마지막 시뮬레이션 리허설은 연습 기간 동안 여러 번 반복해야 한다. 머릿속으로 전체 스피치의 포인트를 파악하고, 상상력을 동원해 효과적인 전달 방법을 그려보는 작업이다. 특히 현장에서 발생할 수 있는 다양한 변수를 미리 예측하고 어떻게 대응할 것인지 생각해두면 도움이 된다.

이때 중요한 한 가지는, 개인 공간에서 혼자서만 연습하는 시간을 반드시 가지라는 것이다. 전체 15분의 스피치를 준비한다면 3~4분씩 끊어서 스마트폰으로 촬영과 모니터를 반복해보는 것이다. 이 연습을 충분히 하면 내용을 완전히 자기 것으로 만들 수 있어 자신감이 상승한다. 이때부터는 그저 실수하지 않고 무사히 내용을 전달하는 것을 넘어, 스피치 자체에 몰입하게 된다. 개인 연습 후 본격적인 리허설을 진행하면 더욱 효과적이다.

스피치 개요서를 활용하라

텔레비전을 보면 많은 방송인들이 수첩만 한 크기의 '큐카드'라는 것을 들고서 프로그램을 진행하곤 한다. 큐카드는 전체 원고 가운데 핵심적인 키워드만 따로 적어놓은 개요서다. 큐카드를 잘 작성하면 이것만으로도 프로그램의 흐름을 쉽게 파악할 수 있다. 강연을 할 때도 마찬가지다. 개요서를 튼튼하게 만들어놓으면 주도적 스피치를 할 때 큰 도움이 된다.

만약 머릿속에 스피치의 전체 구조가 잡혀 있지 않으면 일방적으로 정보만을 나열하고 끝날 확률이 매우 높다. 그래서 계통도를 그리듯이 전체 흐름을 키워드 위주로 적어보라는 것이다. 만약 이 작업이 원활하지 않다면 아직 강연 내용을 완벽히 체득한 것이 아니다. 개요서는 대략 A5 크기로 몸이나 손을 움직일 때 방해되지 않는 정도가 적당하다. 많은 내용을 담을 필요는 없다. 서론, 본론, 결론의 키워드와 중요한 통계, 사람 이름 등 기억하기 어려운 내용을 적어두면 상황에 따라 효과적으로 활용이 가능하다.

추가하자면 이야기가 전환되는 중요한 지점을 적어두라는 것이다. 흐름을 자연스럽게 이어가는 데 도움이 될 것이다. 대본의 흐름과 내용은 머릿속에 전부 담겨 있어야 하지만, 모든 문장을 다 외워야만 완벽한 스피치라고 할 수는 없다. 강조해야 할 내용은 청중과 충분히 눈을 맞추며 설득하고, 짚고 넘어가야 할 키워드나 데이터 등은 큐카드를 참고하는 식으로 융통성을 발휘하는 편이 오히려 더 세련된 느낌을 준다.

시간을 엄수하라

15분의 스피치를 계획했다면 14분 40초에는 마무리가 되어야 한다. 아무리 좋은 내용도 일정 시간을 넘기면 청중은 집중하기 어렵다. 또한 시간 안에 마무리 되었을 때 스피커에 대한 신뢰도 높아진다.

감동적인 스피치를 위한 리허설 일정 짜기

그렇다면 리허설 일정은 어떻게 구성하는 것이 효율적일까? 모두에게 일률적인 원칙을 적용할 수는 없다. 그러나 만약 한 달 전부터 준비를 할 수 있다면 다음과 같은 순서가 바람직하다.

한 달 전의 리허설은 기획 및 구성이 중심이 된다. 핵심 키워드를 뽑고 청중, 상황, 목적에 대한 분석을 하는 시간이다. 분석 내용을 대본에 적용하는 것까지가 여기에 포함된다.

3주~2주 전은 대본 중심 리허설이다. 이때는 대본을 편안한 구어체로 바꾸는 것이 중요하다. 실무진이 작성한 보고서나 작가가 쓴 원고는 만연체, 문어체가 일반적이다. 따라서 원고를 짧고 명료한 구어체로 바꾸어 준비한다. 이 과정에서 끊어 읽기와 강조, 설명, 비교, 묘사하는 부분을 구분하는 작업도 함께 이루어져야 한다. 수정한 원고를 읽으며 낭독 연습을 시작하며, 이 시기에 스피치 개요서도 작성해두는 것이 좋다. 낭독할 때는 반드시 녹음해서 직접 들어봐야 한다. 전체 흐름뿐 아니라 강조할 부분이 제대로 강조가 되는지 모니터를 한다.

일주일 전에는 무대 중심의 리허설을 시작하는 시기다. 실제 발표 상황과 유사한 환경을 마련하고 한 호흡에 전체 스피치를 운영해본다. 동선, 시간, 비언어, 의상 등도 이때 점검한다.

2~3일 전에는 앞선 무대 리허설을 보강한다. 무대 리허설은 반드시 녹화하고 모니터하는 것이 중요하다. 마지막 날인 하루 전 최종 리허설은 시험 전날과도 같다. 완벽한 세팅 속에서 한두 번 리허설하고 시뮬레이션을 해본다. 적당한 긴장감을 유지해야 하지만 무리해서는 안 된다. 스피치 당일 현장을 미리 머릿속으로 그려보는 '이미지 트레이닝'이 여기서 필요하다.

한 번의 스피치를 위해 한 달 전부터 리허설에 돌입하라니, 지나친 것 아닌가 하는 생각이 들 수도 있겠다. 하지만 돈이 걸린 경쟁 프레젠테이션의 경우에는 이보다 더 꼼꼼히 오랜 시간 준비한다.

다시 강조하지만 꼭 기억해야 할 것은, 동영상 제작에서 스피치는 한 편의 공연이라는 것이다. 대충 읽고 마치는 것이 아니라 철저한 준비와 리허설로 고품질의 영상 콘텐츠를 만드는 것이 최종 목표다.

【 리허설 일정표 짜기 】

D-1달. 기획 및 구성 중심의 리허설
: 핵심 키워드 뽑기
: 청중, 상황, 목적을 분석하고 대본에 적용

D-3주~2주. 시나리오 중심의 리허설
: 대본을 구어체로 바꾸기
: 끊어 읽기 및 강조, 설명, 비교, 묘사 부분 표기
: 스피치 개요서 만들기
: 무대 활용 고민
: 시나리오 아나운싱 연습, 녹음 및 피드백

D-1주일. 무대 중심의 리허설
: 가급적 실제 현장과 유사한 상황에서 훈련(좌석 배치, 청중, 마이크 등)
: 시나리오와 슬라이드 수정 보완
: 의상 리허설
: 질의응답 리스트 작성
: 모니터 후 피드백 적용

D-3일~2일. 무대 리허설 보강
: 완벽한 세팅하에 실전처럼 연습. 녹화 후 모니터
: 문제점 반영
: 의상 확인

D-1일. 최종 리허설
: 최종 리허설 1회 실시 및 시뮬레이션 훈련
: 무리하지 말기
: 스피치 개요서 및 최종 질의응답 점검

5장
___

모니터로 회의하는 시대, 사장은 어떻게 말해야 하는가

모니터 너머의
어색함을 극복하라

하루아침에 혼란에 빠진 명강사들

코로나19가 전국적으로 발생한 올해 3월, 교육부는 학사 운영 권고안을 발표했다. 코로나19가 안정될 때까지 등교 대신 원격 수업, 과제물을 활용한 재택 수업을 실시하라는 내용이었다. 대부분의 학교는 혼란 속에 서둘러 원격 수업을 시작해야 했다. 학교뿐 아니라 회사들도 이런 분위기에 동참했다. 꼭 필요한 일이 아니면 고객사나 거래처를 직접 만나는 횟수를 줄이고, 실시간 온라인 회의로 대체하는 경우가 늘었다.

실시간 영상 커뮤니케이션은 일반적인 영상과는 성격이 다르다. 기존의 방송이나 인터넷 강의 등은 사전에 제작된 영상물로, 청자의 실시간 반응을 기대하지 않는다. 물론 시청자의 존재를 전제로 하며 그들을 고려하지만, 기본적으로는 일방향적인 커뮤니케이션이다. 그에 비해 최근 학교나 사무실에서 활용하는 Zoom 등의 화상회의 서비스는 쌍방향 커뮤니케이션을 기반으로 하며 청자에게 상호작용을 요구한다.

그런데 대학가의 전례 없는 '실시간 온라인 강의' 후기들을 보면 장점보다는 문제점이 쏟아지는 광경을 볼 수 있다. 서버 불안정, 실습실 등의 교내 시설 사용 제한, 수업의 질 하락, 학습자의 집중도 저하 등 온갖 문제들로 불만이 꼬리를 문다. 심지어 각종 온라인 커뮤니티에서는 '사이버 강의 대참사' 사례가 모음집을 이루고 있다.

마침 이 시기에 나는 어느 대학원의 객원교수로, 스피치 커뮤니케이션 수업을 맡았다. 그런데 개강이 2주 미뤄지더니 비대면 강의로 진행하라는 지침이 내려왔다. 처음에는 강의 내용을 동영상으로 제작해 구글 클래스룸에 올리라는 안내가 있었다. 동영상 제작에 관한 여러 가지 요령들이 공지되었지만 친절하지 않았다. 연세가 있는 교수님들은 적잖이 당황했다고 한다. 그러고서 몇

주 지나니 학교 측에서는 실시간 영상 플랫폼 Zoom에 대한 소개와 함께 적절한 툴을 선택해 수업을 진행하라고 알려왔다.

내 경우에는 스피치 수업이기 때문에 고민 없이 Zoom을 선택했다. 학교 공지에 이 프로그램의 이용법을 소개하는 동영상이 올라왔기에 보니 기술적인 내용뿐이었다. 그러니까 어느 URL로 접속하여 어떻게 예약하고 사용하면 된다는 정도였다. 이 플랫폼 안에서 어떻게 소통하라는 안내나 정보는 찾아볼 수가 없었다. 그 결과 많은 교수들이 강의를 음성 파일이나 폰으로 찍은 영상 형태로 올렸고 심지어는 파워포인트 자료만 게시하는 경우도 허다했다.

어떤 교수는 학생들의 요청에 어쩔 수 없이 실시간 Zoom 수업을 선택했지만, 자기를 바라보는 시선이 부담스럽다며 학생 쪽 영상을 끄도록 주문했다고 한다. 그 교수는 명강사로 유명했던 분인데 수십 년 동안 강의실에서 학생들과 대면 강의만 하다가 처음 컴퓨터 모니터 너머로 학생들과 마주하게 된 것이다.

해본 사람은 안다. 모든 사람들이 두꺼운 유리벽 너머에서 나를 관찰하는 듯한 낯섦과 어색함…… 어수선한 분위기에서 강의를 진행해보지만 어디선가 소음과 잡음이 계속 들려와 신경을 거스른다. 그 와중에 교수 자신의 얼굴은 모든 학생들의 메인 화면에 큼지막하게 떠 있어서 표정으로 드러나는 당혹감을 숨길 수조차 없다. 그 중압감을 견디지 못하고 택한 최후의 방법이 영상을

*ㄲ*라는 것이었다니, 차마 웃을 수 없는 이야기다.

온라인 언어와 강의실 언어는 이렇게 다르다
|

오프라인 강의에서는 문제 되지 않던 것들이 온라인 강의에서는 왜 새로운 문제로 등장할까? 어색한 표정이나 발음 등 '전달의 문제'에서부터, 쌍방향 플랫폼이지만 일방적인 강의로 흐르는 '콘텐츠의 문제'까지 사람들의 지적과 불만은 다양하다. 요즘은 유치원생부터 노년층에 이르기까지 모두가 인터넷에 익숙하다. 스마트폰은 삶과 떼려야 뗄 수 없는 사이가 되었고 대중의 관심사도 자연스럽게 이동하고 있다. 유튜브 영상이나 SNS가 텔레비전 프로그램보다도 더 즉각적이고 활발한 반응을 불러일으키는 세상이다. 그렇다면 이렇게 모두가 온라인에 익숙한 시대에, 왜 우리는 대면 강의가 더 안정적이라고 느끼는 걸까?

한마디로 답하자면 새로운 플랫폼인 '실시간 영상 솔루션'에 아직 적응하지 못했기 때문이다. 상황에 맞게 적절히 커뮤니케이션하지 못한다는 소리다. 가르치는 것을 업으로 하는 교수들조차 실시간 영상 프로그램을 어떻게 효과적으로 사용해야 하는지 모르는 경우가 허다하다.

대면 강의의 경우 지금까지 오랫동안 문제점을 인식하고 한계를 극복하기 위해 노력하는 과정을 거쳤다. 교수자의 태도와 강의 방법, 평가 기준은 서로 마주보고 상호작용하는 것을 토대로 발달되었다. 이 같은 대면 강의식 방법을 온라인 강의에 그대로 적용하니 문제가 불거질 수밖에 없다.

대면 강의에서는 강의실의 분위기와 비언어 등을 통해서 상대방을 파악하고 상호작용하는 것이 가능했다. 하지만 비대면은 그렇지 않다. 실시간 솔루션이라고는 하지만 대면의 생생한 느낌을 전달하지 못하는 것이다. 그 차이점을 인식하고 실시간 영상 커뮤니케이션 활용법을 제대로 파악해야 한다. 만약 현재 실시간 영상 플랫폼을 사용 중이라면 자신이 얼마나 효과적으로 커뮤니케이션하고 있는지를 모니터해볼 필요가 있다.

비대면 시대, 사람들은 영상 속 모습을 통해 나를 평가할 것이다. 어떤 모습으로 비춰지기를 원하는가? 아나운서가 방송에 나오기까지는 몇 개월에 걸친 연수와 훈련이 선행된다. 한 장면이지만 최고의 모습을 보여주기 위해서다. 온라인으로 강의나 회의를 주도하는 경우에도 생각해볼 일이다. 모니터 안의 내 모습은 충분히 경쟁력 있고 매력적인가? 한정된 시간 안에 명확히 의견을 개진할 수 있는가? 만약 자신 있게 답할 수 없다면 지금부터라도 철저한 준비가 필요하다.

언택트 시대의 새로운 마주보기 방식

나는 스피치 전문가로서, 대학의 교수학습 지원센터에서 교수들을 대상으로 '실시간 영상 커뮤니케이션 강의'를 여러 차례 진행했다. 그중 몇몇 교수님들은 직접 강의 영상을 보며 코칭을 하기도 했다. 늘 느끼는 점인데, 같은 내용인데도 대면 수업일 때와 비대면 수업일 때 분명한 차이가 있다. 같은 공간에서 학생들을 앞에 놓고 수업할 때는 강의실 분위기나 학생들의 반응을 즉각 파악할 수 있다. 그리고 무엇보다 익숙하다. 강의 시간이 쌓이면서 자신만의 방식이 자연히 자리 잡았고, 학생들도 여기에 친숙하다. 하지만 눈앞의 청중이 갑자기 벽 너머로 사라져버린 비대면 수업은 어색하기 그지없다. 낯설다 보니 제 실력이 좀처럼 나오지 못한다. 주어진 시간과 공간 전체를 장악하여 수업을 이끌어간다는 것이 쉽지가 않다.

만약 이런 전달의 차이를 이해하지 못하고 프로그램의 특성을 파악하지 못한 채, 예전에 하던 방식대로 접근하면 문제가 생긴다. 물론 영상 프로그램을 기술적으로 어떻게 다룰 것인가도 중요하지만, 효과적인 커뮤니케이션 방법을 발견하고 적용하는 것 역시 필수적인 과제다.

회의도 마찬가지다. 직원들이 재택근무를 할 때나, 타사와 온라인으로 업무 미팅을 할 때 커뮤니케이션이 원활한 상태인지 의문이 생기기 마련이다. 단순한 업무 지시라면 큰 문제가 되지 않겠지만, 의견을 나누고 아이디어를 도출하는 회의라면 한계에 부딪힌다. 나중에 기술적으로 보완이 되겠지만 현재의 프로그램으로는 커뮤니케이션 전문가인 나도 어려움이 있다. 아무리 영상으로 연결한다고 하지만 얼굴과 얼굴을 마주하는 소통과는 큰 차이가 있기 때문이다.

온라인 커뮤니케이션은 왜 그리도 곤혹스러운가

|

그렇다면 실시간 영상 커뮤니케이션은 왜 그리도 어색하고 불편할 것일까? 원인을 하나하나 살펴보자.

우선 생동감이 떨어진다. 대면 방식과는 달리, 현장의 분위기나 청중의 표정 및 호응 정도를 파악하기가 어렵고 전달도 잘 되지 않는다. 만약 진행자가 제대로 역할을 하지 못하면 쌍방향 커뮤니케이션이 아니라 일방적 지시가 될 우려가 있다. 여기서는 말의 내용도 중요하지만 표정, 몸짓, 분위기, 목소리 톤도 큰 영향을 미친다.

여러 교수들의 실시간 강의 콘텐츠를 검토해보니 정말 천차만별이었다. 평소와 달리 시선과 제스처가 자연스럽지 못하고 어색한 상황이 수시로 연출되었다. 만약 메시지에만 집중하고 그 밖의 비언어적 요소들을 제대로 훈련하지 않는다면, 영상 속의 화자는 경직된 모습으로 책을 줄줄 읽는 수준에 그치고 말 것이다.

청중과 소통이 어렵다. 실제로 프로그램을 사용해본 사람은 알겠지만, 참여 인원수가 열 명이 넘어가면 한 화면에 전체를 담기가 어려워진다. 청중의 반응을 파악하는 일은 굳이 설명할 필요도 없으리라. 특히 기술적인 문제로 말이 중간에 끊기거나, 두 명 이상의 참여자가 동시에 말을 해서 소리가 겹치는 등의 혼선도 흔히 발생한다. 진행자가 여유를 가지고서 반응을 잘 살피지 않으면 일부 참가자는 언제든 방관자가 될 수 있다.

청중이 소극적으로 변한다. 사실 영상 커뮤니케이션 프로그램은 열린 환경이어서 참여자들이 질문하기 좋은 여건을 갖추었다. 하지만 '영상 속 말하기'는 부담이 되기도 한다. 메인 화면에 말하는 사람의 얼굴이 크게 비춰지면서 모든 시선이 집중되기 때문이다. 여기에 오디오가 겹치는 문제도 종종 발생하고, 다수에게 질문하기 어렵다는 단점도 있다. 진행자가 참여자를 적극적으로 배려하고 반응을 살피지 않으면, 흡사 초등학교 시절 교장 선생님 훈수를 듣는 것 같은 광경이 연출되거나 소수 그룹의 논의만으로 그칠 수 있다.

집중도가 떨어진다. 오프라인에서는 같은 공간에 있다는 일치감이 자연스럽게 현장의 집중도를 높인다. 하지만 영상 속에서는 상대를 관찰할 수가 없다. 심지어 참여자는 영상과 오디오를 끌 수 있어서 언제든지 방관자로 돌아설 수 있다.

최근 한 대학에서 교수들을 대상으로 실시간 영상 세미나를 개최했다. Zoom을 통해 세미나를 신청한 수많은 교수들이 같은 시간에 입장했다. 한 명씩 강의를 한 후에 질의응답 및 토론의 시간을 갖는 순서였다. 그런데 시작도 하기 전부터 혼선이 빚어졌다. 디지털 기기에 익숙지 않은 교수들이 설정을 제대로 하지 못하거나 진행을 하려는데 누군가가 말을 하거나, 조교가 갑자기 나오는 등 자잘한 문제가 동시다발로 일어나는 바람에 예정 시간보다 15분이나 늦게 어수선한 분위기 속에서 세미나가 시작되었다. 주제는 좋았지만 진행이 미숙하다 보니 그리 성공적인 세미나가 되지 못했다.

이와 비슷한 일은 앞으로도 얼마든지 발생할 수 있다. 만약 기업에서 상사가 온라인 회의를 진행하는데 이렇게 미숙하고 어수선한 상황이 벌어지면 어떻게 될까? 사람들이 대놓고 이의 제기를 하지는 못할 테지만 아마 속으로 답답해할 것이다. 그런 상황이 반복되면 회의의 흡인력이 떨어지고 사람들은 방관자 모드로 돌아설 가능성이 크다.

그렇기에 리더들은 실시간 영상 커뮤니케이션을 주도할 때 진행자가 아닌 '퍼실리테이터'가 되어야 한다. 진행자가 시간을 물리적으로 재단하고 정리하는 역할을 한다면, 퍼실리테이터는 촉진자로서 상황에 맞게 분위기를 이끌어 최적의 결과를 만들어내야 한다. 그러니까 화학적 작용을 유도하는 역할이라 보면 좋을 것이다.

퍼실리테이터는 참가자들에게 질문을 던지고, 때로는 상대방의 의견을 맞받아치고, 한편으로는 독려하는 역할을 한다. 구성원 개인이 자신의 행동과 발언을 더 분명히 인식하도록 지원하는 것이 퍼실리테이터다. 수업에서 퍼실리테이터는 학생들이 단순히 강의 내용을 이해하는 것을 넘어 스스로 생각하게 만들며, 기업에서 퍼실리테이터는 구성원들의 역량을 끌어내 최고의 결과를 빚어낸다.

꼼수가 난무하는 온라인 회의실 극복하기

실시간 영상 솔루션은 기술적인 부분에서도 크고 작은 잡음이 일어나고 있다. 점차 개선되리라 예상은 하지만, 아직까지는 보완할 점들이 많아 보인다. 우리나라의 대학들은 Zoom을 이용한 원격 강의를 권장하고 있다. 마이크로소프트의 Teams, 구글의

Meets 등 미미한 차이는 있지만 실시간 영상 커뮤니케이션 방법은 대동소이하다.

온라인 개강을 한 초기, 한 대학교에서는 교수가 미리 촬영한 강의 영상을 카카오톡으로 공유해 학생들이 개별적으로 수강하는 형태로 수업을 진행했다. 그런데 어떤 이유에서인지 강의 영상과 음란물 동영상이 함께 공유되었다. 이후 영상 오류에 관해 사과의 글이 올라오는 것으로 사태는 마무리되었다.

이런 아찔한 사례 외에도 실시간 영상 도중 자잘한 문제들은 끊이지 않는다. 교수가 좌우반전 상태에서 판서를 해 학생들이 단체로 어리둥절했다는 사례도 있고, 학생들이 참여할 강의실 주소를 공유하지 않아 '교수님 혼자만의 싸움'이라는 제목의 글이 커뮤니티에 나돈 적도 있다. 모두 플랫폼에 대한 기술적 이해가 부족한 데서 비롯된 해프닝이다.

교수뿐 아니라 다른 참가자들의 흑역사도 계속 생성되는 중이다. 음소거를 하지 않은 채 게임 플레이를 실시간으로 중계했다는 일화를 비롯해 음식을 먹는 소리, 심지어 생리 현상까지 강의실 전체에 공개했다는 웃지 못할 이야기도 들려온다. 시공간의 경계가 분명한 강의실 수업에 익숙했던 교수와 학생 모두에게 언택트 시대는 곤욕스럽기만 하다. 이런 업로드나 음향의 문제는 개인의 실수 정도로 볼 수 있다. 플랫폼에 익숙해지면 충분히 해소될 수 있는 부분이다. 그러나 실수가 아닌 '악용'은 훨씬 더 복잡한 문제다.

가장 흔히 일어나는 악용의 문제로는 속임수(fake)가 있다. 강의나 회의에 참여한 사람이 지루하거나 다른 일을 하고 싶을 때 미리 찍은 영상을 올리는 것이다. 실시간 영상 솔루션은 기본적으로 참석자 추적 기능이 있다. 참석자가 일정 시간 움직임이 없으면 진행자에게 알려준다. 이 기능을 피해서 어떤 이들은 미리 30초 분량의 영상을 찍고는 그것을 자기 참여창에 띄운다. 이렇게 되면 진행자는 참여자가 무엇을 하는지 알 도리가 없다. 진행자가 적절한 질문을 통해 수시로 확인하고 참여자를 독려하는 것만이 방법이다.

두 번째는 참석자가 이상한 정보나 눈살을 찌푸리게 하는 영상을 업로드하는 경우다. 인터넷 용어로 이런 사람을 '트롤'이라고 한다. 고의적으로 타인을 공격하거나 불쾌한 내용을 올려 반감을 일으킴으로써 모임의 생산성을 저하시키는 사람을 가리킨다. 신분이 검증된 직장 내 회의에서야 그럴 가능성이 낮지만 다양한 모임에서는 충분히 일어날 수 있는 일이다.

실제로 미국의 팝 가수 라우브(Lauv)와 한 음식점 브랜드가 공동으로 운영하는 Zoom 플랫폼에 포르노 콘텐츠가 공유되는 사고가 발생했다. 해당 방에는 수백 명이 참석한 상태였고 주최 측은 회의를 황급히 중단할 수밖에 없었다. 각종 플랫폼들은 대기실을 거쳐 허가된 사람만 입장하도록 하며 참석자를 강제로 퇴장

시키거나 영상, 음성을 막는 기능도 탑재되어 있다. 그러나 일단 방에 입장한 이후라면 누구나 원하는 화면을 공유할 수 있다는 빈틈이 있다. 작정하고 들어온 사람을 일일이 걸러내기란 거의 불가능한 일이다.

마지막 문제는 가장 심각한 개인정보 유출에 관한 것이다. 개인 이메일, 논의된 내용, 개인 신상 등이 유출될 수 있으며, 유출된 정보를 이용하여 개인에게 2차 가해를 하는 경우도 심심치 않게 발생한다.

최근 일본에서는 '테레하라(telework와 harassment의 합성어)', '리모하라(remote와 harassment의 합성어)'라는 신조어가 등장했다. 둘 다 비슷한 뜻으로, IT 장비를 이용한 재택근무나 원격 근무 시에 발생하는 조직 내 괴롭힘 현상을 가리킨다. 도쿄의 한 회사에 근무하는 여성은 화상회의 도중 집 구조와 주변의 물건들이 화면에 노출되었다. 이에 상사는 방에 다른 남자가 있는 것 아니냐며 성폭력 발언을 해 충격을 주었다. 세계적으로 개인정보 유출에 관한 문제가 계속 논란이 되자 2020년 4월 미 뉴욕 시 교육국은 Zoom을 온라인 수업에 사용하지 못하도록 권고 조치하기도 했다.

지금도 부지런히 진화 중인 다양한 미디어 기술은 수용자가 더 편안하고 생생한 환경에서 소통할 수 있도록 만들어줄 것이다. 앞으로 우리는 실제와 더 유사한 온라인 환경에서 소통하게 되리

라. 여기에는 크고 작은 부작용과 역효과도 따라올 수밖에 없다. 그 안에서 어떻게 효과적으로 나를 나타내고 메시지를 전달할 것인지, 또한 리더들은 어떻게 부작용을 최소하고 참여자들의 활발한 참여를 끌어낼 수 있을 것인지 미리 고민하고 대비해야 한다.

사장이 사회자가 되면
회의를 사로잡을 수 없다

정확한 큐시트를 마련하라

명강의로 인기를 끌던 교수들도 온라인상에서는 체면을 구기는 경우가 적지 않다. 그 이유는 강의실 언어와 온라인 언어가 다르기 때문이다.

온라인 커뮤니케이션에서 진행자가 가장 먼저 해야 할 일은 참여자들에게 매뉴얼을 알려주는 것이다. 간단한 것이지만, 이 첫 단추가 제대로 끼워지지 않으면 이후 혼란이 눈덩이처럼 불어날 수 있다. 결혼 예식이나 행사 직전에 사회자들이 단골로 하는 멘트가 있다.

"원활한 식 진행을 위해 휴대전화는 무음으로 해주시길 부탁드립니다."

온라인 수업이나 회의에서도 필요하다면 '음 소거'를 부탁하고, 어떤 방식으로 진행할 것인지 안내해야 한다. 예를 들어 한 사람이 프로젝트 진행 사항을 브리핑한 다음 이후 다 같이 의견을 나누는 방식으로 회의가 진행된다고 해보자. 브리핑 시에는 음소거를 요청하고, 토의 시간에는 채팅창에 의사를 표시하거나 손을 들도록 하는 방식이 적절하다. 질문이나 의견이 있다고 바로 말을 시작하면 여러 사람의 말이 겹칠 수 있기 때문이다. 또한 참여자가 많다면 한 영상에서 모두의 모습을 확인할 수 없기 때문에 채팅창을 통해 의사를 미리 밝히고 발언권을 얻는 편이 효율적이다.

진행 방식은 브리핑이나 업무 지시 같은 일방향 전달인지, 아니면 질의응답 등의 의견 개진인지, 소규모 토론인지에 따라 각기 달라져야 한다. Zoom의 경우는 소회의실을 운영할 수 있어서, 개별 논의를 진행한 후 의견을 취합할 수 있다. 전체 방에서 기본적인 내용을 고지한 뒤 소회의실을 몇 개 만들어 팀원끼리 의견을 나누도록 하는 것이다. 그다음 다시 메인 방에 모여 팀별 논의 사항을 공유하면 된다. 중요한 것은 리더가 어떤 방식으로 진행할지 판단해 미리 알려야 한다는 점이다. 즉흥적으로 '이렇게 할까? 저렇게 할까?' 생각하고 시험해보면 다같이 우왕좌왕하게 된다.

실시간 영상 커뮤니케이션은 텔레비전 생방송과도 같다. 방송은 큐시트에 의해서 움직인다. 30분짜리 뉴스라면 스태프만 족히 스무 명은 된다. 이때 뉴스 진행의 매뉴얼은 큐시트다. 혹시 중간에 이런저런 변수가 생겨도 큐시트를 중심으로 스태프들은 일사분란하게 판단한다. 효율적인 미팅이나 회의, 강의를 하려면 먼저 큐시트를 짜고 참여자에게 친절히 안내하는 절차가 필요하다. 넘칠 정도로 안내하고 또 안내해야 한다.

시간의 안배도 매우 중요하다. 모니터 안 온라인 세상은 공간적인 여유가 없고 더 많은 집중을 요구하기 때문에 참여자들의 피로도가 높다. 따라서 온라인 회의는 평소보다 짧고 간결하게 진행하는 센스가 필요하다.

흘러가는 영상에 집중하도록 하려면

실시간 영상 커뮤니케이션에서 리더에게 필요한 또 한 가지는 '구조화 능력'이다. 회의나 강의의 전체 구조를 설계하지 못하면 중언부언하거나 논점이 흐려지게 된다. 무엇을 논의하고 무엇을 고지할 것인지, 주문하거나 지시할 사항은 무엇인지를 구분해야 하며 중간중간 정리를 하고 분위기를 이끌어야 한다. 이때 지시 사항과 의견을 명확히 구분할 필요가 있다. 참여자들이 되묻기 어려운 경우도 있으므로 오해할 만한 여지를 남기지 않도록 분명히 하는 것이 좋다.

실시간 영상 커뮤니케이션이 가장 효과적으로 실시되는 곳을 꼽자면 바로 군대다. 오래전부터 각 부대장들의 회의는 영상으로 진행되었다. 군에서는 지시가 생명이니만큼 일목요연하게 정리된 사항을 화면에 띄워두고 읽는다. 일방적이지만 내용 전달에는 가장 효과적인 방법이다.

물론 일반 사회에서 군대처럼 회의나 강의를 할 수는 없다. 전체 진행은 당연히 쌍방향으로 활발히 하더라도, 마무리 지점에서는 텍스트 중심으로 요약하고 넘어갈 것을 권한다. 흘러가는 영상만으로는 집중하기 힘들기 때문에, 오늘 논의한 내용이나 전달 사항, 지시 사항을 다시 정리해줄 필요가 있다. 다시 말해, 디지털 기기 안에서 아날로그적 시도를 접목한다고 보면 좋을 것 같다. 이렇게 전체 흐름을 구조화한 다음에는 큐시트 형태로 메모하여 참고하면 매끄러운 진행에 도움이 된다.

화면 속 상반신만으로 생생한 현장감을 전달하려면

한국결혼문화연구소는 사람들이 이성을 소개받을 때 외모 중 어떤 부분을 가장 먼저 보는가를 조사했다. 남녀별로 1위는 쉽게 예상할 수 있다. 남성은 여성의 눈을, 여성은 남성의 키를 먼저 본다는 응답이 가장 많았다. 그런데 재미있는 것은 적지 않은 사람들이 자기만의 철학에 따라 독특한 부분을 중요하게 여긴다는 사실이다. 손을 먼저 보는 사람, 턱선을 본다는 사람, 전체적인 조화를 본다는 사람도 있었다. 어떤 경우는 신발을 먼저 본다고 답했는데 신발을 보면 그 사람의 성향을 알 수 있다는 것이 이유였다.

이렇게 개인의 관심사는 천차만별이며, 누군가를 만나게 되면 여기에 맞추어 상대방을 파악하곤 한다. 그런데 영상 속 만남에서 상대방을 파악할 수 있는 범위는 현저히 줄어든다. 우리가 보여줄 수 있는 것이라고는 상반신뿐이다. 이 사각형의 작은 프레임 안에서라도 최선을 다해 나의 모습을 자연스럽고 매력적으로 연출해야 한다.

어떤 사람은 화면 가득 얼굴만 보이는 경우가 있다. 머리조차 나오지 않아 큰 바위 얼굴을 연상케 한다. 화면 끝자락에 아슬아슬하게 걸치는 경우도 드물지 않다. 화면에 코나 눈, 입 등 신체의 일부분만 보여주는 영상 촬영 기법을 '익스트림 클로즈업'이라

하는데, 개인의 심리 묘사에 주로 사용한다. 그만큼 높은 긴장감을 유발할 수 있는 컷이다. 피사체를 확장해 얼굴을 강조하거나 대상을 부각하는 클로즈업 역시 긴장감 있는 장면을 구성할 때 주로 사용된다. 모두 강의나 회의, 미팅 등에 제공할 만한 이미지는 아니다.

인물 표현에 가장 자연스러운 기본적 구도는 바스트 샷이다. 뉴스 앵커들이 나오는 화면을 생각하면 된다. 이 정도면 제스처도 어느 정도 담을 수 있어서 표현을 풍부하게 할 수 있다. 화면에 내가 어떻게 나오는지 확인하고 미리 세팅해서 바스트 샷에 맞출 것을 권한다.

제스처는 충분히 쓰는 것이 좋다. 장시간 동일한 자세를 취하면 경직되어 보일 수 있으니 말을 하면서 몸도 함께 움직이고 적절한 제스처로 역동감을 주도록 한다. 이것도 훈련이 필요한 일이다. 손을 책상 아래에 두는 사람들이 많은데, 책상 위에 두는 편이 훨씬 자연스럽다. 기본자세는 양손을 가볍게 벌려 책상 위의 농구공을 잡는다고 생각하면 된다. 이 자세를 기준으로 왼쪽과 오른쪽으로 편안하게 손을 움직이면 좋다. 질문을 하거나 강조할 때 카메라 가까이 다가가는 것도 좋은 방법이다. 일시적으로 참여자들의 주의를 환기할 수 있다.

발음에도 신경을 써야 한다. 음향 품질이나 인터넷 속도 등의 문제로 오디오 상태가 현실 대화와는 큰 차이가 있다. 또박또박

발음해서 전달력을 높이고, 다음 내용으로 넘어가거나 문장이 전환될 때 잠시 멈추는 간격을 평소보다 길게 두어야 한다. 질문한 후에도 약간의 끊김을 고려해 어느 정도 여유를 갖는 것이 좋다. 물론 시작 전 오디오 볼륨을 적절히 조절하는 것도 잊지 말아야 한다.

첫머리를 선점하는 법

다음과 같은 실험이 있었다. 두 명의 연사가 사람들 앞에서 각각 15분 동안 스피치를 한다. A는 스피치의 처음 부분과 마지막 부분이 인상적이고 매끄럽지만 중간 내용은 중언부언한다. 반면에 B는 연설을 시작할 때는 실수하고 우물거리지만 뒤로 갈수록 점점 더 좋은 스피치를 선보인다.

듣는 이들은 A와 B 중 누구의 연설에 더 호응하고, 누가 더 스피치를 잘했다고 평가할까? 압도적으로 A였다. 청중은 기다려주지 않는다. 우리가 텔레비전을 볼 때 지루하다 싶으면 빨리 채널을 돌리듯이, 청중도 이야기에 집중할 것인지 말 것인지를 빠른 시간 내에 판단한다. 그래서 앞부분을 선점하는 것이 중요하다.

좋은 방법은 강의나 회의의 시작과 마무리에 '라포'를 형성할 수 있는 질문 및 내용을 포진하는 것이다. 여건이 된다면 시작할 때 참여자들의 이름을 한 사람씩 부르며 간단한 스몰 토크를 유도하는 것이 좋다.

특히 본인의 에피소드나 재미있는 이야기를 가볍게 들려주면 참여자에게 오프라인과 유사한 환경을 제공할 수 있다. 가장 철저한 준비가 필요한 지점은 첫머리다. 진행자가 처음부터 어색해하면 전체적인 분위기도 이를 따라간다.

나도 Zoom으로 첫 강의를 했을 때 오랜 경력에도 불구하고 분위기가 썰렁했다. 강연자는 기본적으로 청중의 반응을 보고 거기에 맞춰 이야기의 리듬을 조율하는데 청중의 반응이 한정적이고 즉각적이지 않기 때문이다. 나름 재미있는 유머를 해도 반응이 더디니 곤욕스러울 때가 있다. 그러므로 강연자는 반응이 없거나 더딜 것을 미리 예측하고 마음의 준비를 하는 편이 좋다.

반응이 시원치 않을 때 성급히 말머리를 돌리는 것은 금물이다. 청중도 본인도 민망해질 뿐이다. 그럴 때는 한 템포 여유를 두고 적당히 마무리를 한 뒤 넘어가는 편이 훨씬 자연스럽다. "아, 웃자고 가벼운 이야기를 했는데 반응이 왜 이럴까요. 더 노력하겠습니다." 정도로 한마디 거들고 넘어가는 것도 센스다.

이야기의 첫 부분에는 재미, 공감, 정보의 요소가 골고루 들어가면 좋다. 재미있는 에피소드나 일화, 경험담을 들려주거나 최근 이슈 등 모두가 공감할 수 있는 주제로 분위기를 조성하는 것이다. 또한 앞에서도 강조한 것처럼, 오늘 미팅이 어떻게 진행되는지 명확히 알려주어야 한다. 끝부분에서는 전체 내용을 정리할 뿐 아니라 다음 미팅에 대한 기대감을 주는 것이 필요하다.

어벤져스 시리즈를 보면 영화가 끝나도 끝난 것이 아니다. 엔딩 크레딧이 올라간 후에도 사람들은 앉아 있다. 맨 마지막에 나오는 '쿠키 영상'을 보기 위해서다. 영화의 이런 전략을 온라인 미팅에도 적용할 수 있다.

강의나 회의 도중 딴짓을 한 사람도 마지막 부분에 이르면 다시 집중을 하기 시작한다. 지금까지 제대로 참여하지 않은 것이 반성도 되고, 마지막에 뭐라도 얻고 가야겠다는 심리가 작용하기 때문이다. 그러므로 진행자도 마지막 부분 연출에 힘을 실어줄 필요가 있다.

진행자 말고 퍼실리테이터가 되라

|

실시간 온라인 커뮤니케이션에서 진행자가 정보 전달의 역할만 한다면 그저 동영상을 전송하는 것과 다르지 않을 것이다. 온라인상의 만남이 일방적이 될지 아니면 쌍방향의 소통을 이루게 될지는 모두 진행자에게 달린 일이다. 그래서 모든 진행자는 퍼실리테이터가 되어야 한다. 질 높은 결과를 도출하기 위해 커뮤

니케이션의 모든 과정을 설계하는 사람이 바로 퍼실리테이터다. 목적과 원하는 결과물을 정확히 파악하고 참여자들에게 맞춤형 질문을 던지며, 이야기를 들은 후에는 반드시 적절한 피드백을 제공해야 한다.

이때 중요한 것은 참여자들이 의견을 말하는 데 부담을 느끼지 않도록 만드는 일이다. 실제로 대학원 영상 수업을 해보니 편안한 자기 집에서 발표를 하는데도 다들 긴장한 티가 역력했다. 영상 솔루션 특성상 오디오가 들어가면 그 사람 얼굴이 메인 화면에 뜨기 때문에 당혹감과 어색함을 느낄 수밖에 없다. 진행자의 배려가 필요한 순간이다. 만약 사람들이 답변 도중 머뭇거린다면 중간에 나서서 적당히 정리해주는 센스를 발휘하고, 답변이 끝나면 칭찬과 격려로 부담감을 덜어주도록 하라.

구성원들이 스스로 문제를 고민하고 해결할 수 있도록 유도한다면 온라인상에서도 충분히 효과적이고 창의적인 커뮤니케이션을 이룰 수 있다.

'좋은 강의는 학생이 질문하고 학생이 답한다. 나쁜 강의는 교수가 질문하고 교수가 답한다.'

이 말을 기억하고 직접 실천하는 사람이 진정한 퍼실리테이터가 될 수 있다.

온라인 회의실을 달구는
리더의 화법

좋은 질문 하나가 그날의 만남을 결정짓는다

실시간 영상으로 회의나 미팅, 강의를 진행할 때 리더는 어떻게 질문하고, 어떻게 대화해야 할까? 같은 내용을 이야기하더라도 더 또렷하고 설득력 있게 전달하는 방법은 없을까? 지금부터는 온라인 커뮤니케이션의 구체적인 기술에 대해서 이야기해보려 한다.

영상 솔루션으로 처음 만난 자리는 상당히 어색하다. 특히 참여자들과 대면 접촉이 한 번도 없던 상황이라면 더더욱 그렇다. 그럴 때 힘을 발휘하는 것이 바로 질문이다. 질문을 통해 분위기를 새롭게 세팅할 수 있으며 이야기의 물꼬를 틀 수 있다.

무엇보다 질문에는 마음의 문을 여는 힘이 있다. 산파술(대화를 통해 깨달음을 얻도록 하는 대화법)은 소크라테스가 그리스 젊은이들과 소통한 방식이었다. 그는 질문을 통해 새로운 세대와 소통하고 가르침을 전달했다. 효과적인 질문 하나가 그 만남의 모든 것을 결정지을 수 있다.

좋은 질문은 개방성과 구체성을 띤다

개방형 질문은 '예', '아니오.' 하는 단답형 답을 요구하지 않는다. 상대가 되도록 많은 이야기를 할 수 있도록 여지를 준다.

예를 들어 "팀의 비전은 있습니까?"라고 물어보면 '예', 혹은 '아니오'라는 답이 나온다. 개방적인 질문은 "팀 비전은 무엇인가요?"라고 묻는 것이다. "현실적으로 그것을 달성할 방법이 있습니까?"보다는 "그것을 달성하려면 어떤 방법이 있을까요?"가 더 효과적이다. 사소한 차이 같지만 그 결과는 사뭇 다를 수 있다.

구체성은 말 그대로 조금 더 구체적으로 물어보는 것이다. "앞으로 시장 동향은 어떤가요?"보다는 "제조업 시장에서 대처해야 할 위기 요소는 무엇인가요?"라고 묻는 것이 더 구체적이다.

좋은 질문은 중립적이다

즉, 말하는 사람의 견해와 의견이 질문에 드러나면 안 된다는 뜻이다. 본인은 의식하지 못하더라도 상대는 부담을 느낄 수 있다. 예를 들어 "왜 새로운 프로젝트를 주저합니까?"라는 질문은 상대가 프로젝트를 꺼려한다는 것을 전제로 한다. 그보다는 "이 프로젝트에서 방해 요인은 무엇인가요?"라고 묻는 편이 더 중립적이고 답하기 편안한 질문이다.

나쁜 질문의 또 다른 예를 꼽자면 두 항목 이상이 동시에 담긴 질문, 긴 질문, 상투적인 질문, 애매모호한 질문, 압박하는 질문 등이 있다. 답하는 사람을 긴장하게 만들고, 명쾌한 대답을 끌어내기 어려운 질문 유형이므로 주의해야 한다.

잘못 쓰면 독이 되는 폐쇄형 질문

폐쇄형 질문이란 개방형 질문의 정반대라고 보면 된다. 개방형 질문이 상대방에게 주도권을 준다면, 폐쇄형 질문에서 주도권은 묻는 사람에게 있다.

예를 들어보자. 아는 사람이 세무조사를 받는 중이라는 소문이 들린다. 마침 회사 앞에서 그 사람을 우연히 만나고는 이렇게 슬쩍 물어본다.

"얘기 들었습니다. 얼마나 힘드세요. 조사는 어떻게…… 잘되고 있습니까?"

상대를 위로해주는 것처럼 들리지만 실상은 자신의 궁금증을 해소하기 위한 질문일 수 있다. 그 사람 입장에서는 세무조사 이야기를 남들과 굳이 하고 싶지 않을지 모른다. 그런데 저렇게 질문하면 대충이라도 둘러대며 답변을 해야 한다. 난처한 일이고, 분명 결례다.

개방형 질문은 이런 식이다. 상대가 세무조사 받고 있다는 것을 알지만 일단은 모른 척한다. 단순하게 "요즘 어떠세요?"라고 물어보며 주도권을 상대에게 넘기는 것이다. 그러면 상대는 관련 이야기를 할 수도 있고, 혹은 다른 이야기로 넘어갈 수도 있다. 상대가 불편하지 않도록 배려하는 것이 개방형 질문의 핵심이다.

부드러운 확인 질문을 활용하라

질문 중에는 상대가 말한 내용을 재차 확인하는 형태가 있는데, 이를 '확인 질문'이라고 한다. 확인 질문은 자칫하면 따져 묻는 것처럼 비칠 수 있기 때문에 특히 신경을 써야 한다. 예의를 갖추고 부드러운 음성으로 말하는 것이 중요하다.

"그게 무슨 뜻인가요? 다시 한 번 정리해주시겠습니까?"

대표적인 확인 질문의 예다.

그에 비해 '예', '아니오'로 답하게끔 하는 '선택 질문'이나 '그럼에도 불구하고', '어쨌든', '확실히' 같은 용어가 들어가는 유도 질문은 거부감을 줄 수 있으므로 신중해야 한다.

기본적으로는 개방형 질문에서 폐쇄형으로, 일반적인 내용에서 특정한 사안으로 흘러가는 흐름이 편안하다. 처음에는 상대방이 대답하기 쉬운 질문(예를 들어 안부 등)으로 스몰 토크를 나누고, 본격적인 논의가 시작되면 개방형 질문으로 상대방의 생각을 자유롭게 끌어낸다. 궁금한 것이 있을 때는 폐쇄형 질문을 던져 압축된 답변을 듣는다. 그런 뒤 확인 질문으로 논의 내용을 다시 확인한다. 마지막 끝맺음 부분에서는 다시 스몰 토크로 관계를 형성하는 편안한 질문(다음 만남 기약)을 던지면 좋다.

PREP! 뇌가 반응하는 스피치 기술

핵심을 먼저 말하라

대화는 연역적 구조일 때 더 효율적이다. 그러니까 명확한 핵심을 먼저 제시하고, 세부적인 사항을 덧붙이는 방식을 말한다. 온라인상이든 아니면 누군가를 직접 만난 상황이든, 나는 여유로울지 몰라도 상대방은 시간도 없고 마음에 부담을 느끼는 상태일 수 있다. 그렇기에 가장 중요한 핵심을 먼저 전달한 후, 상황에 따라 대화의 방향을 조절하는 것이 현명하다.

이 방법은 브리핑의 중요한 기법이기도 하다. 기업에서 상사에게 보고할 때는 부연 설명을 길게 하지 않는다. 일단 핵심 내용만을 언급한다. 그런 뒤 보고받는 이가 추가 질문을 하면 그때 배경이나 세부사항 등의 자세한 이야기를 하는 것이다. 온라인 커뮤니케이션 또한 마찬가지다. 누군가에게 브리핑을 한다는 생각으로 대화를 구성하라.

'왜냐하면'의 힘

도서관에서 급하게 복사를 하기 위해 기다리는 중이다. 그런데 앞에 줄을 선 사람들이 꽤 많다. 다음 중 어떻게 말했을 때 사람들이 양보를 가장 잘해줄까? 한번 생각해보라.

① 죄송합니다. 제가 먼저 하면 안 될까요? 왜냐하면 제가 급한 일이 있어서요.
② 죄송합니다. 제가 먼저 하면 안 될까요? 급한 일이 있어서요.
③ 죄송합니다. 제가 먼저 하면 안 될까요? 왜냐하면 복사를 해야 해서요.

세 가지 답의 차이가 뭔지 알겠는가? 사실 내용만 보면 1번, 2번, 3번은 크게 다르지 않다. 특히 3번 대답의 경우, 자신이 먼저 복사를 해야 하는 중요한 이유 같은 것은 찾아볼 수 없다. 그런데 1번은 94퍼센트, 2번 60퍼센트, 3번은 놀랍게도 93퍼센트의 양보를 받아냈다. 어찌된 일일까? 비밀은 '왜냐하면'에 있다. 아무 의미 없는 말에 '왜냐하면'이라는 단어를 하나 넣었을 뿐인데 사람들의 태도는 완전히 달라졌다.

위 내용은 하버드대 심리학과 엘렌 랭거(Ellen Langer) 교수의 실험이다. 엘렌 랭거 교수는 우리 뇌가 두 가지 측면에서 강력한 능력을 발휘한다고 설명한다.

첫 번째는 나와 유사한 것을 찾는 능력이다. 이는 진화론적으로 설명할 수 있는 이론이다. 나와 비슷한 형태의 대상은 나를 해칠 확률이 낮다. 반면에 나와 다른 형태의 동물은 나를 해칠 확률이 상대적으로 높기 때문에 본능적으로 피하게 된다. 이를 커뮤니케이션에 접목해보자면 상대방의 말투, 속도, 표정을 따라하는 것이 효과적이라 할 수 있다.

우리 뇌의 두 번째로 두드러지는 측면은 '자기 정당화' 기능이다. 사람의 뇌는 두개골 안에 갇혀 있다. 뇌가 실체를 직접 보는 것이 아니라 오감을 통해 들어온 데이터를 해석하는 것에 불과하다는 이야기다. 당신이 큰맘 먹고 대출을 받아 차를 구입했다고 해보자. 일주일 뒤, 다른 브랜드에서 같은 가격에 성능이 더 뛰어난 차를 출시한다면 어떤 심정일까? 그 소식을 듣고도 밤에 편안히 자기 위해서는 몇 가지 작업이 필요하다. 우선 다른 브랜드의 차가 어떤 문제가 있는지 찾는다. 그리고 내 차가 더 좋은 점을 찾아내야 한다. 이처럼 자신의 선택을 정당화하고 근거를 찾는 일에 우리는 익숙하다.

복사실 앞 혼잡한 상황에서 '왜냐하면'이라는 말을 들으면 사람들은 그럴 만한 근거가 있다고 그냥 믿어버린다. 그 단어가 나

의 연약한 선택에 정당함을 실어주기 때문이다. 이것이 바로 '왜 나하면'의 힘이다

할머니의 이야기는 왜 평생 기억에 남는가

고대 그리스 법정 앞에는 소피스트들이 운영하는 스피치 학원이 있었다. 당시 그리스는 재산 분쟁이 잦았는데 변론은 개인의 몫이었다. 따라서 변론술을 가르쳐주는 학원들이 자연스럽게 성행한 것이다. 이 학원에서 가르친 최고의 스피치 기술은 바로 '이야기하듯 자연스럽게 말하라'는 것이었다. 즉, 스토리텔링이다.

사람들은 이야기를 창조하고 소비하고 재창조한다. 우리가 드라마에 열광하는 것도 내가 겪을 법한, 아니면 겪지는 못하지만 세상 어딘가에서 벌어질 법한 이야기가 담겨 있기 때문이다.

나는 최고의 스토리텔러는 할머니라고 확신한다. '우르르 까꿍~~'에 소피스트가 강조했던 기술이 함축되어 있다. 할머니의 이야기는 권선징악이라는, 단순하지만 명확한 구조와 내용으로 이루어진다. 무엇보다 할머니는 깊은 말맛이 살아 있는 구어체를 구사한다. 말하는 것을 글 읽는 것과 같은 것이라 착각하는 경우가 많은데 결코 그렇지 않다. 우리는 말할 때 '~하는 가운데', '~에 대하여' 같은 말은 잘 쓰지 않는다. 상대방 귀에 잘 들리도록 하려면 짧고 명확한 구어체가 필요하다.

혹시 당신은 이틀 전 누구와 식사했는지 기억나는가? 생각은

날 것이다. 하지만 구체적으로 어떤 이야기를 나눴는지 묻는다면 머뭇거릴 확률이 높다. 물론 대상이 특별했다든가 중요한 만남이었다면 상황과 내용을 기억하겠지만, 그냥 가볍고 일상적인 대화를 나눴다면 머릿속에 기억하지 않고 흘려보냈을 것이다.

뇌에는 해마라는 기관이 있는데 이곳은 단기기억을 관장하는 곳이다. 술을 먹은 것까지는 생각나는데 어떻게 집에 들어왔는지 기억이 나지 않는다면, 해마의 기능이 멈춰 단기기억이 장기기억으로 저장되지 않은 탓이다. 한편 술에 취해도 집을 잘 찾아오는 것은 장기기억 덕분이다. 그런데 해마가 기억하는 방식은 키워드 중심이다. 우리 뇌는 관심이 있을 때만 집중하고 장기기억으로 넘긴다. 따라서 짧고 명료하게, 키워드 중심으로 말해야 상대방이 내 이야기를 기억한다. 역사적 명연설은 모두 키워드가 명확하다는 특징이 있는데, 바로 이런 이유 때문이다.

기억하라. 단순히 정보만 나열하는 것이 아니라 전체를 관통하는 그 무엇, 키워드가 있어야 오래도록 기억에 남는다.

프렙으로 말하라

지금까지의 설명을 모두 종합하여, 스피치 커뮤니케이션 전문가로서 제안하는 가장 효과적인 이야기의 구조는 바로 'PREP(프렙)'이다.

Point: 짧고 명료하게 말하라.

Reason: '왜냐하면'의 근거를 대라.

Example: 사례를 들어 이야기로 풀어내라.

Point: 다시 키워드를 강조하라.

프렙은 짧은 시간에 최고의 효과를 볼 수 있는 말하기 기법이다. 만약 중국 시장 진출을 검토하라는 사장의 지시에 실무자로서 다음 기회로 미뤄야 한다고 설득하려면 어떻게 말해야 할까? 프렙 화법을 적용해보자.

포인트: 사장님, 제 생각에는 이번 중국 진출을 좀 미루는 것이 어떨까 합니다.

근거: 왜냐하면 최근 중국 당국의 정책이 바뀌어 각종 혜택이 사라지고 있습니다. 세금 이슈도 강력하게 제기되었고 더구나 인건비도 상승 중입니다.

사례: 실제로 은성상사도 세금 문제 때문에 이러지도 저러지도 못하는 상황이라고 합니다. 일본 쪽 업체는 아예 철수를 결정했다고 합니다.

포인트: 그렇기 때문에 중국 진출을 급하게 시도하는 것보다 올해까지 상황을 더 지켜보는 것이 어떨까요?

간결한 주장을 반복하며, 타당한 근거와 적절한 사례를 덧붙이라. 프렙은 고대 그리스 철학자들의 효과적 스피치를 함축한 방법이기도 하다.

먼저 '근거 대기'는 소피스트가 가르친 설득의 기술에서 핵심적인 부분이다. 삼단논법, 연역법, 귀납법 모두 논리적 근거의 연결고리를 만드는 논법이다.

또한 우리의 기억에 남는 정보는 기존에 알던 지식을 배경으로 하여 거기에서부터 출발한다. 너무 생경한 정보는 일단 배척하는 것이 인간의 습성이다. 따라서 사례를 들어주면 훨씬 쉽게 받아들인다. 우리 뇌는 정보보다 이야기를 원한다. 어느 나라에서나 철학보다 신화가 더 먼저 태어나는 이유다.

다양한 방식으로 핵심을 반복하는 것 역시 효과적이다. 나의 주장을 다양한 방법 즉, 근거와 이야기로 전하고 다시 강조하는 방법은 실증적으로 입증된 설득 방법이다.

컨택트만큼이나 효과적인 언택트 '전달'의 기술

커뮤니케이션에서 '전달'은 기본적이면서도 아주 중요한 사항이다. 이것이 바탕이 되지 않으면 효과적인 설득과 스피치는 불가능하다. 특히 온라인 커뮤니케이션에서 오디오는 현실 공간과 차이가 크다. 기술적으로 여러 가지 변수가 발생할 수 있으므로 음성 전달에 더 주의를 기울여야 한다.

스피치의 구성 요인은 크게 언어적 요인과 비언어적 요인 두

가지로 구성된다. 더 세부적으로 들여다보면 다음의 네 가지 영역으로 구분할 수 있다.

【 스피치의 구성 요소 】

언어적 요인	음성적 요인 정확하고 매끄럽게 말하는가	콘텐츠 내용이 탄탄하며, 이를 잘 표현하는가
비언어 요인	외모/외형 상황에 맞는 옷을 입고 외모를 정돈했는가	몸짓언어 사람들을 보면서 적절하게 움직이고 제스처를 취하는가 공간언어 서로 간에 거리가 적절한가

스피치 코칭을 할 때는 이 네 가지 요소 각각을 어떻게 향상시키는지가 관건이 된다.

먼저 음성적 요인은 통상 말하는 보이스 트레이닝의 영역으로 발성, 발음, 음색, 속도, 크기, 톤 같은 것들이 여기에 해당한다. 매력적인 목소리를 만드는 것이 핵심이다.

두 번째 콘텐츠 요인은 곧 말의 '내용'이다. 어떤 근거와 구성을 바탕으로 하는지, 어떤 이야기가 들어 있는지에 관한 것이다.

외모와 외형은 겉으로 드러나는 그 사람의 이미지를 가리킨다. 자신에게 맞는 의상과 스타일링을 고민하고 선택하는 것 또한 스피치에서 빼놓을 수 없는 일이다.

마지막은 소위 비언어라고 하는 몸짓언어와 공간언어에 관한 것이다. 몸짓언어에는 제스처, 눈빛, 움직임, 자세 등이 포함된다. 공간언어는 거리의 문제다. 물리적 거리에 변화를 주면 상대방의 심리에도 변화를 줄 수 있다.

여러 번 강조했지만 언택트 시대의 커뮤니케이션에서 중요한 것은 명확성이다. 그리고 명확한 전달을 위해서는 언어와 비언어의 조화가 중요하다. 특히 발음과 말하기 속도가 여기에 큰 영향을 미친다.

【 발음 연습 차트 】

아래 도표의 글자들은 다양한 방향으로 발음 연습을 하기 위해 고안된 것이다. 연습을 반복하면 구강의 움직임이 한결 부드러워지고 더 정확한 음가를 발음하게 된다. '가게기고구', '나네니노누'와 같은 식으로 최대한 빠르고 정확하게 읽어보자. 입과 혀가 유기적으로 자연스럽게 움직이지 못하면 혀짧은 소리가 나오게 된다.

가	나	다	라	마	바	사	아	자	차	카	타	파	하
게	네	데	레	메	베	세	에	제	체	케	테	페	헤
기	니	디	리	미	비	시	이	지	치	키	티	피	히
고	노	도	로	모	보	소	오	조	초	코	토	포	호
구	누	두	루	무	부	수	우	주	추	쿠	투	푸	후

- 칠월 칠일은 평창 친구 친정 칠순 잔칫날.
- 저기 저 뜀틀이 뛸 뜀틀인가 안 뛸 뜀틀인가.

- 간장공장 공장장은 강 공장장이고, 된장공장 공장장은 장 공장장이다.
- 이 행사는 삼성생명 협찬입니다.
- 저기 있는 말말뚝이 말 맬 만한 말말뚝이냐 말 못 맬 만한 말말뚝이냐.
- 한양양장점 옆 한영양장점, 한영양장점 옆 한양양장점.
- 옆집 팥죽은 붉은 팥 팥죽이고, 뒷집 콩죽은 검은콩 콩죽이다.
- 검찰청 쇠철창살은 새 쇠철창살이냐 헌 쇠철창살이냐.
- 저기 있는 저분은 박 법학박사고, 여기 있는 이 분은 백 법학박사다.

음성 훈련의 원칙

- 안 되는 발음은 적어놓고 연습한다. 차 안에서, 화장실에서, 자투리 시간을 이용해 연습한다.
- 녹음기를 활용하여 자신의 목소리를 듣고 평가해본다.
- 동력과 독력을 동시에 키운다. 동력은 일정한 힘과 속도로 읽을 수 있는 능력이며, 독력은 글을 이해하는 능력이다.
- 발음 연습을 할 때는 먼저 눈으로 읽어 뜻을 이해하고 그 다음 소리 내어 읽는다. 뜻을 알고 읽는 것과 글자만 읽는 것은 전달력에 분명한 차이가 있다.
- 하나의 원고를 반복 연습하는 것보다는 다양한 원고를 많이 읽는 것이 동력을 키우는 데 효과적이다.
- 다음 사항을 체크하면서 연습한다.
  - 10분 동안 일정한 속도로 쉬지 않고 신문 읽기
  - 한 호흡에 몇 단어나 읽을 수 있는지 확인하기
  - 읽어보지 않은 원고를 오독 없이 한 번에 읽어보기

호불호의 잣대에서
승리하는 법

언택트 시대에 두드러지는 키워드 '매력'

마지막으로 온라인 커뮤니케이션에서 꼭 필요한 '호감'에 관한 이야기를 덧붙이려 한다. 언택트 시대를 지나면서 매력이라는 키워드는 더 강조될 것이다. 예전에는 다양하고 잦은 만남을 통해 빈틈을 만회할 수 있었지만 이제는 온라인에서든, 오프라인에서든 한 번 만났을 때 얼마나 호감을 주는지가 중요하다. 특히 온라인 커뮤니케이션에서는 인간적인 매력이 있는 사람, 호감형의 사람에게 더 집중하게 마련이다.

　냉정한 말 같지만, 화면 너머 상대방이 그리 매력적이지 않다면 고개를 돌려버리면 그만이다. 오프라인 만남에서처럼 애써 예의를 갖춰 이야기를 들어주고 호응해줄 필요도 없다. 그러니 나의 메시지를 전달하기 위해서는 먼저 호감을 주어야 한다.

　다음은 유치원생 아이들을 대상으로 한 실험이다. 선생님은 아이들을 한 명씩 어떤 방으로 데리고 간다. 이 방에는 큼직한 판넬들이 세워져 있는데 네 사람의 사진이 각각 인쇄돼 있다. 누가 봐도 외모가 출중한 여자와 남자, 그리고 사진을 왜곡해서 일그러뜨린 남자와 여자의 사진이다.

　"이 사람들 중에서 누구랑 더 친구 하고 싶어요?"

　아이들에게 '친구 하고 싶은 사람'이란 더 끌리는 매력적인 사람을 뜻한다. 아이들의 눈동자가 잠시 양쪽 사진 속 인물들을 바쁘게 훑더니 손가락으로 가리키는 사람은 한결같이 외모가 상대적으로 뛰어난 사람이다.

　이번에는 외모와 전혀 상관없는 질문을 했다. 여기서도 상당수 아이들이 예쁘고 잘생긴 사람이 더 똑똑하고 덜 게으를 것 같다고 답했다. 친구를 선택할 때처럼 압도적인인 표 차이가 나지는 않았지만 외모가 뛰어난 사람을 더 긍정적으로 평가하는 경향이 뚜렷했다.

이 실험은 SBS 스페셜 〈매력 DNA, 그들이 인기 있는 이유〉에서 진행한 것이다. 고려대학교 심리학과 성영신 교수팀의 2009년 연구에서도, 사람들은 누군가의 외모가 아름다울수록 지적 능력이 뛰어나고 대인관계가 폭넓을 것이라 추론한다고 밝혔다.

사실 연구 결과까지 논하지 않더라도 외모가 뛰어난 사람에게 매력과 호감을 느낀다는 사실은 살면서 다들 충분히 경험했을 것이다. 그렇다면 외모에 자신 없는 사람들은 마냥 억울해하며 손 놓고 있어야 하는 걸까? 여기 또 다른 실험 결과를 살펴보자.

미국 터프츠대학 심리학과의 암바디 교수는 성공한 CEO와 실패한 CEO의 사진을 준비했다. 일반적인 미의 기준으로 보자면 성공한 CEO보다 실패한 CEO 쪽이 누가 봐도 더 '잘생겼다'고 할 만한 얼굴이었다. 그렇다면 사람들은 누가 더 성공했는지, 뛰어난 능력을 인정받은 쪽은 누구인지 가려낼 수 있을까?

놀랍게도 대부분의 피실험자들은 성공한 CEO를 선택했다. 사람들은 단순히 잘생긴 외모만으로 능력을 평가하지 않는다는 이야기다. 피실험자들은 답하기를, 선택한 CEO가 잘생긴 외모는 아니지만 통제력이 있어 보이고 카리스마가 느껴지며, 섬세하다는 인상을 받았다고 설명했다. 해석하자면, 스스로에 대한 자신감과 만족감은 표정으로 사람들에게 전달된다고 할 수 있다. 자신감은 미소로 연결된다.

언택트 시대에 마스크로 얼굴 절반을 덮고 있을지라도, 혹은 화면 너머로 온라인 커뮤니케이션을 할지라도 자신감이 스민 미소는 분명히 전해진다. 외모의 매력은 객관적인 미의 기준이 아닌, 자신감과 미소를 통해 발산됨을 기억하라.

당신은 어떤 사람에게 미소를 짓는가?

퀴즈 프로그램에서 두 사람이 결승에 올랐다. 한 명은 독보적인 실력으로 지금껏 나온 문제들을 거의 다 맞혔다. 다른 한 사람은 실력이 확실히 앞 사람만 못하다. 틀리는 문제가 상당히 많다. 결과는 당연히 앞 사람의 승리로 돌아갔다.

이제 방송을 마치고 인터뷰를 실시한다. 그런데 들뜬 표정으로 인터뷰를 하는 우승자에게 의외의 모습이 엿보인다. 자기 동네 이름을 잘못 말하는 등 실수를 하더니, 엉뚱한 답변을 한 뒤에 멋쩍게 웃어넘기기도 한다. 반면에 2등 참가자는 인터뷰에서 유독 달변가의 면모를 선보인다. 당신이라면 누구에게 더 매력을 느끼겠는가?

미국의 심리학자 캐시 애론슨(Kathy Aaronson)의 실험에 따르면, 대부분의 사람들이 똑똑하면서 실수를 하는 사람에게 호감을 느낀다고 한다. 능력이 뛰어난 사람이 인간적인 면과 의외성을 겸비하면 매력적으로 비친다는 것이다. 최악의 경우는 능력도 없으면서 실수를 하는 사람이었고, 능력은 없으면서 말만 잘하는 사람도 그리 호감형은 되지 못한다.

경력과 실력을 인정받는 위치에 있는 사람일수록 사소한 헛점을 보이거나 인간적인 고충을 토로하면 인간적인 매력이 상승한다. 말쑥하게 차려 입은 신사가 길을 걷다가 헛발을 디디면 웃음이 나오지만, 어린아이가 넘어지면 걱정하게 되는 이치와 같다. 그리고 호감이 높아지면 자연스럽게 신뢰가 형성된다.

섹시 스타 이효리가 오랜 세월 사람들에게 사랑받는 이유는 무대 아래에서는 전혀 다른 모습을 보여주기 때문이다. 개구쟁이, 센 언니, 수더분한 이웃 등의 다양한 인간적 매력을 발산하며 여전히 '핫한' 스타의 위치를 굳건히 다지고 있다.

상대가 기대하는 이미지와 다른 모습으로 의외성을 줄 때 사람의 매력은 상승한다. 그러므로 커뮤니케이션에서 언제나 칼같이 완벽할 필요는 없다. 때로 허술한 모습, 인간적인 고충을 드러내도 괜찮다.

간단한 Zoom 사용법

0   우선 음성과 비디오가 지원되는 컴퓨터, 혹은 태블릿 PC 등이 필요하다. 다양한 기능과 화면의 크기를 고려했을 때 PC가 가장 적합하다.

1   검색 사이트에서 Zoom을 검색해 접속한 후 다운로드한다.

2   회원 가입, 로그인을 한다(구글 계정이나 페이스북을 통한 로그인도 가능하다).

3   메인 화면에는 '새 회의', '참가', '예약', '화면 공유'라는 네 가지 카테고리가 있는데 새롭게 영상 미팅을 시작하기 위해서는 '새 회의'를 누른다. 초대받은 회의에 들어갈 때는 '참가'를 누르고 초대 ID와 비밀번호를 누른다.

4   '새 회의'를 누르고 '컴퓨터 오디오로 참가'를 누른다. 그러면 나만의 회의실이 만들어진다.

5   하위 메뉴는 음소거 / 비디오 중지 / 보안 / 참가자 / 채팅 / 화면 공유 / 기록 /소회의실 / 반응으로 구분되어 있다. 음소거와 비디오 중지는 본인이 필요할 때 사용하면 된다.

6   다른 참가자를 부를 때는 '참가자' 옆 '초대' 버튼을 누르고 이메일 혹은 전화번호로 초대하면 된다. 더 쉬운 방법은 화면 하단에 'url 복사'를 누르고

sns상에 링크하면 된다. 링크 공유 시 비밀번호도 함께 보내야 하는데, 설정에서 비밀번호 없이 들어오도록 조정할 수도 있다.

7 초대한 사람들이 들어오면 참가자란에 숫자가 표기되며 어떤 사람들이 들어왔는지 알 수 있다. 단, 당신이 수락 버튼을 눌러야만 참가할 수 있다.

8 주요 기능을 살펴보면 다음과 같다.

① '화면 공유' 기능을 통해 동영상, PPT, 다양한 자료, 화이트보드 기능을 사용할 수 있다.
② '채팅' 기능을 통해 참가자들의 질문이나 의견을 들을 수 있다.
③ '소회의실' 기능을 이용해 그룹을 나누어 토의할 수 있다.

실시간 영상 커뮤니케이션 매뉴얼

1. 방송처럼 큐시트를 작성하라

: 회의 전체 흐름의 구조를 잡으라.

2. 진행 방식을 안내하고 또 안내하라

: 어떤 방식으로 온라인 미팅이 이루어지는지 사전에 자세히 안내하라.

: 참여자들이 흐름을 예측할 수 있게끔 하라.

: 중간중간에 그동안의 논의를 정리하고 향후 어떻게 할 것인지 안내한다.

3. 시간을 조율하라

: 원격 회의의 경우 45분 진행 후 15분 이상의 휴식 시간을 보장하라. 50분 진행, 10분 휴식보다 더 효과적이다. 연구에 따르면, 화면으로 원격 협업을 할 때 뇌가 더 피로를 느끼는 것으로 나타났다.

: 프레젠테이션 등의 일방적 스피치는 15분이 넘지 않도록 한다. 짧을수록 좋다.

4. 상호 작용하라

: 적절히 질문하고, 또 참여자의 질문을 적극 수용하라.

: 참여자의 반응을 꾸준히 살피라.

: 온라인 소회의실 등을 통해 토의와 토론을 적극 시도하라.

5. 실재감을 확보하라

: 참여자의 비디오는 항상 'ON' 상태로 설정하고, 상황에 따라 오디오는 'OFF' 모드로 조율한다.

: 특히 인원수가 많은 경우 일단은 오디오를 끄고 발언할 사람만 해제한다.

: 그룹 토의, 자료 공유, 동영상 활용, 채팅창 등을 활용한다.

: 원격 회의 시 화면의 크기를 고려할 때 인원은 25명 이내가 적정하다.

6장

재택근무의 시대, 효율적으로 소통하는 법

생각보다 효율적인
홈오피스 시대

비대면 시대의 새로운 문법을 익히라

마음을 놓을 만하면 여기저기서 산발적으로 번져 나오는 코로나 19 때문에, 불특정 다수와 마주치게 되는 출퇴근에 부담을 느끼는 사람들이 많다. 뿐만 아니라 근무지에서 팀플, 미팅, 회의 등의 밀접한 접촉을 할 때도 완전히 마음을 놓을 수 없는 상황이다.

이 때문에 재택근무를 시도하는 기업들도 있다. 집을 회사처럼 이용하는 일명 '홈 오피스'가 모든 사람에게 이상적인 환경은 아니다. 그러나 언택트 시대가 장기화되면서 향후 재택근무는 더 확대될 것이라 예상된다.

내게 커뮤니케이션 코칭을 받던 어느 기업 임원도 코로나19의 여파로 회사가 해외 출장을 대폭 축소하고 재택근무를 실시한다고 했다. 그런데 신기한 것은 매출이 생각만큼 줄지 않더라는 것이다. 마지못해 갑작스럽게 선택한 일이었고, 그만큼 걱정도 많았지만 재택근무의 결과는 긍정적이었다고 한다.

실제로 컨설팅업체 엑스퍼트 컨설팅이 인사 담당자 290여 명을 조사한 결과를 보면, 재택근무의 만족도는 의외로 높은 것으로 나타났다. 대면 업무에 비해 비대면 업무의 효율성을 묻는 질문에 '차이가 없다'라는 대답이 37퍼센트였고, 오히려 효율적이라는 답은 28.2퍼센트를 차지했다. 비효율적이라고 답한 경우는 30.2퍼센트에 그쳤다.

비대면 업무가 효율적인, 혹은 비효율적인 이유에 대해 담당자들은 다음과 같이 답했다.

- 비대면 업무가 효율적인 이유는?
  출퇴근 시간 감소(28.8%), 감정 소모 감소(16.8%), 편안한 근무환경(16.1%)
- 비대면 업무가 비효율적인 이유는?
  협업 시 소통의 어려움(23.7%), 빠른 피드백 불가(18.8%),
  업무 긴장감 하락(12.7%)

물론 업종이나 업무의 특성에 따라 상황은 다르겠지만, 잘만 운영한다면 재택근무의 효과도 나쁘지 않은 듯하다. 일부 기업들은 코로나19가 종식된 이후에도 재택근무를 지속하겠다는 의사를 밝혔다. 이들은 재택근무의 장점으로 직원들의 높은 만족도, 업무 효율, 기존 업무 공간의 활용 등을 꼽는다. 비싼 임대료를 내고 물리적 공간을 마련해 일률적으로 근무하는 기존의 방식을 앞으로도 이어갈 것인지 고민해볼 때다.

더불어 리더들은 비대면 커뮤니케이션 시대에 맞는 새로운 문법을 배워야 할 것이다. 위의 조사에서 '비대면 업무 시 리더에게 요구되는 자질'을 물었을 때 50.5퍼센트로 1위를 차지한 답은 '명확한 업무 지시'였고, 두 번째 자질은 '비대면 소통 노하우(36.5%)'였다.

현재 다양한 기업에서 재택근무에 필요한 원격 커뮤니케이션 플랫폼을 개발, 배포하고 있지만 아직까지 기술적인 부분은 보완이 필요하다. 사용자의 요구가 늘어나고 기술이 발달하면서 앞으로 이런 기술적은 문제들은 서서히 개선되고 해결될 것이다. 그러나 지금 당장은 시중에 배포된 플랫폼을 최대한 활용해 커뮤니케이션을 해야 하는 상황이다. 즉, 현재는 진행자, 리더의 역할이 가장 중요하다. 동일한 장소와 시간, 플랫폼을 이용하더라도 운용 방법에 따라 소통의 방향은 크게 달라진다.

집에서도 사무실 같은 근무 분위기를 만들려면

영화 〈킹스맨:시크릿 에이전트〉에는 최첨단 증강현실 기술을 이용한 회의 장면이 나온다. 참석자들은 각기 다른 장소에 있지만 홀로그램 형태를 빌려 마치 한 장소에 모인 것처럼 자유롭게 소통한다. 머지않아 현실에서도 실물 크기의 영상으로 회의가 가능한 '텔레프레전스(Tele-presence)'를 곧 만날 수 있을 것이다. 증강현실(AR)을 기반으로 하는 이 기술은 멀리 떨어져 있는 사람들을 눈앞에 있는 것처럼 구현해준다. 이런 가상현실과 인공지능 기술이 접목된다면 미래에는 더욱 생동감 넘치는, 우리가 상상하는 그 이상의 환경을 접하게 될지도 모르겠다.

지금도 기술의 발전으로 재택근무 환경이 점차 융통성을 띠고 있다. 회의 내용을 기록하거나 주변 소음을 통제하는 것도 가능하며, 가상 배경을 설정하는 기능도 선택할 수 있다.

하지만 이런 부차적인 기능들이 제공되어도 '근무 분위기'라는 한계를 극복하는 것은 쉽지 않다. 집과 회사라는 공간에서 근무자가 느끼는 심리적 괴리는 상당하다. 집이 일하는 장소가 되면서 개인의 삶의 경계가 허물어지고 만성 피로감을 느끼게 되는 경우도 흔하다. 이런 문제를 해결하기 위해 여러 가지 묘책이 동원되기도 한다. 집에서 일하는 공간을 따로 분리하거나, 업무 시간 동안은 출근할 때와 같은 복장을 갖춰 입는 사람들도 있다. 회사 점심시간에 맞추어 도시락을 배달시킨다는 이야기도 들어보았다.

그러나 어떤 기발한 방법과 뛰어난 기술을 동원한다 하더라도 적절한 커뮤니케이션이 뒷받침되지 못한다면 그저 빛 좋은 개살구에 그치고 만다. 대면과 비대면의 간극을 얼마나 지혜롭게 극복하느냐는 모두 리더의 역할에 달린 일이다. 재택근무의 효율을 높이기 위해서는 무엇보다 명확한 매뉴얼을 정립할 필요가 있다. 다시 말하지만, 그 일은 다른 누구도 아닌 리더가 해야 한다. 매뉴얼이 정립되면 근무자들은 집에서 각자 일할지라도 근무 시간에 마쳐야 할 일을 스스로 배분하고 수행할 수 있게 된다.

재택근무는
아나운서처럼

따로따로 일하면서도 최고의 효율을 내는 노하우

업무 분장이 아주 확실한 직종 중 하나가 아나운서가 아닐까 한
다. 우스갯소리로 아나운서는 회사에서도 재택근무처럼 일한다
는 말이 있을 정도다. 아나운서의 직업 특성상 사무실에 앉아 있
는 시간은 그리 길지 않다. 자리에 있지 않다고 해서 문제 되지는
않는다. 중요한 것은 성과를 내는 것이기 때문이다. 아나운서 업
무의 본질은 방송이다. 고품질의 방송을 하면 그것이 곧 최고의

성과다. 자리를 지키지 않는데도 성과를 내고 업무를 효율적으로 수행할 수 있는 것은 명확한 업무 분장 덕분이다.

아나운서의 업무는 크게 본인의 전담 프로그램, 그리고 라디오 뉴스나 숙직 같은 현업으로 구분된다. 예를 들어 나의 전담 프로그램은 1TV 오전 9시 30분 뉴스와 11시 코로나19 통합 뉴스룸 특보 담당이다. 평일에는 이 일에 집중하면 된다. 그리고 근무표에 따라 주말에 라디오 뉴스를 하거나 숙직을 한다. 만약 평일인데 전담 방송이 없다면 라디오 뉴스를 하게 된다.

아나운서실 중앙에는 소위 '배당판'이라는 큼직한 칠판이 있다. 여기에 그날의 근무자가 표시된다. 아나운서들이 자신의 일주일간 스케줄을 여기 미리 적어놓으면 뉴스 담당 팀장은 이를 참조해 그날 라디오 뉴스를 배당한다. 출근한 아나운서는 그날의 배당판을 보고 자신의 업무를 수행하면 된다. 배당판의 모양은 시간이 흐르면서 많이 바뀌었지만 일이 진행되는 프로세스는 동일하다. 이 배당판에는 아나운서 업무를 효율적으로 분담하기 위한 선배들의 노하우가 고스란히 담겨 있다.

아나운서는 아나운서실이 아닌 스튜디오에서 일한다. 그곳이 보도국이 될 수도, 예능국이 될 수도 있다. 새로운 프로그램에 들어가게 되면 제작진과 회의를 한다. 매주 기획회의를 하고, 원고가 나오면 원고 회의를 하면서 원고를 숙지한다. 방송 직전에는 리허설을 한 뒤에 방송에 들어가게 된다. 이처럼 프로세스와 매

뉴얼이 명확하기 때문에 다른 아나운서로 교체가 되더라도 며칠
만 지나면 안정적으로 프로그램을 진행할 수 있다.

　만약 휴가를 가게 되면 반드시 해야 하는 일이 있다. 바로 내 일
을 대신할 아나운서에게 견학을 시켜주는 것이다. 스튜디오 위
치, 준비할 점, 원고의 특징 등을 미리 알려주어 빨리 적응할 수
있도록 돕는다. 뉴스, 교양 프로그램, 예능 프로그램, 라디오 프로
그램 등 기본적인 준비 과정은 모두 비슷하다.

　아나운서들은 오랜 시간 이 과정을 반복하면서 업무 능력을 체
득한다. 따라서 연차가 올라갈수록 새로운 프로그램에 들어가더
라도 적응이 더 빠르다. KBS에만 90여 명의 아나운서들이 각자
의 업무에 따라 일사분란하게 움직이며 방송을 책임지고 있다.

업무 다이어트, 중요한 것만 남겨라

포스트 코로나 시대에 불필요한 만남과 관계를 덜어내는 '관계
의 다이어트'가 필요하듯 일에 있어서도 마찬가지라 생각한다.
많은 직장인들이 회사에서 불필요한 회의나 미팅 때문에 스트
레스를 받는다고 이야기한다. 형식적인 보고서에 공을 들이느라
본 업무의 속도가 느려지고 생산성이 저하되는 경우도 흔히 일
어난다.

이제는 일의 본질, 성과를 내기 위한 가장 효과적인 프로세스는 무엇인지 고민하고 덜어낼 때다.

재택근무를 할 때는 효율성의 문제가 한층 더 중요해진다. 같은 사무실 공간에 있지 않기 때문에 사람들이 각자 어떤 일을 하고 있는지 파악하는 데 한계가 있다. 모니터에 떠 있는 몇 가지 정보만으로 평가를 해야 하기 때문이다. 그렇다고 랜선 너머 직원들을 일일이 감시하기도 쉬운 일이 아니다. 사람들이 핵심적인 업무에 집중하고, 업무의 질과 속도를 스스로 점검하며, 성과를 공유하도록 하기 위해서는 불필요한 절차들을 최소화하여 리듬감 있는 프로세스를 구축해야 한다.

이를 위해 리더는 먼저 개인의 역량에 따라 업무를 구체적으로 배분하고 달성해야 할 성과를 명확히 제시할 수 있어야 한다. 리더의 이러한 '선택과 집중'의 능력은 앞으로 점점 더 중요해질 것이다.

잘하라는 말 없이
일 잘하게 만들려면

명확히 전달하고, 명확히 해석하기

언택트 시대에 리더의 중요한 자질 한 가지는 바로 '명확한 언어'다. 구체적인 메시지가 필요하다는 것이다. '친밀한 소통의 편견'이라는 이론이 있다. 말하자면, 가까운 사람들 사이에 소통이 더 원활하리라 흔히 생각하는데 모두 잘못된 편견이라는 것이다.

30년을 함께 산 부부는 서로의 대화를 얼마나 잘 이해할 수 있을까? 30년을 살았으니 얼굴만 봐도 '척하면 척'일까? 놀랍게도 실험 결과는 우리의 예상을 완전히 뒤엎는다.

이 실험에서는 남편이 하는 말이 어떤 의미인지 해석하도록 했다. 30년 동안 결혼 생활을 한 부인, 그리고 남편을 처음 보는 일반인이 피실험자였다. 남편의 말은 다음과 같았다.

"잘했어요", "당신이 알아서 해", "나 피곤해".

모두 상당히 중의적인 말이다. '잘했다'라는 말은 정말 칭찬하는 것일 수도 있지만 거꾸로 비꼬아 이야기할 때도 쓰일 수 있다. '당신이 알아서 해'도 마찬가지다. 상대에게 권한을 부여하는 것일 수도 있지만, 그냥 귀찮다는 표현일 때도 있다. '나 피곤해'는 어떤가? 건드리지 말고 혼자 있게 두라는 의미일 수도 있지만, 정반대로 힘들어서 위로를 받고 싶다는 의미일지도 모른다.

실험 결과, 놀랍게도 부인과 초면의 일반인 모두 비슷한 점수가 나왔다. 오랜 시간을 봐왔다고, 가까운 거리에 늘 함께 머문다고 해서 그 사람 말의 속뜻을 정확히 파악하는 것은 아니라는 소리다.

이는 조직에도 적용되는 이야기다. 같은 조직에서 오랫동안 함께 일했다고 그 사람이 내 말을 척척 이해하리라 넘겨짚어서는 안 된다. 실제로 많은 상사들이 제한된 정보를 제공하고서 정확한 해석을 요구하곤 한다.

"그 보고서 있지? 잘해봐. 알았지?"

부하직원은 일단 "네"라고 답한다. 그런데 잘하라는 게 정확히 어떻게 하라는 것인지 혼란스럽다. 시간 내에 해놓으라는 이야기인지, 새로운 아이디어를 제안하라는 것인지, 아니면 구성에 신경을 쓰라는 소리인지 감이 잘 잡히질 않는다. 하지만 사장은 부하직원이 자기 말을 다 알아들은 것으로 착각한다. 특히 메신저 등을 통해 지시를 내릴 때 오해가 생기는 경우가 많다. 문자로 지시나 요청 사항을 전할 때는 완결형 문장을 사용하고 내용이 명확한지, 핵심이 잘 드러나는지 점검해야 한다. 내가 안다고 부하직원들도 다 아는 것은 아님을 기억하라.

메시지를 전달할 때만 문제가 생기는 것이 아니다. 상대방의 말이나 행동을 단편적으로 보고 잘못 이해하는, '해석'의 문제도 흔하게 발생한다. 회의 시 잠깐 조는 부하직원을 보면 대부분의 상사는 불성실하다고 판단할 것이다. 하지만 사실 그 직원은 어제 늦게까지 야근을 하고 회의 준비까지 성실하게 한 다음 그 자리에 참석한 것인지도 모른다. 그런 속사정을 알지 못한 채 섣불리 질책하면 직원의 의욕과 사기는 크게 저하될 것이다.

리더는 말을 하거나 판단할 때 모두 구체적이고 명확해야 한다. 그렇지 않으면 조직 전체가 혼란을 겪게 된다. 특히 재택근무 시에는 구체적이고 명확한 지시가 필요하다.

이때 주의할 것은, '지시'에만 너무 초점을 맞추면 업무 구조가 자칫 경직되거나 업무 흐름이 기계적이 될 수 있다는 점이다. 조직이 일을 통해 최종적으로 얻어야 하는 것은 결과물임을 잊지 말라. 특히 성과가 명확하고 창의적인 업무는 더 유의해야 한다. 예를 들어 방송작가들은 사무실에 앉아 있지 않더라도 방송 전에 확실한 결과물, 즉 멋진 방송 원고를 완성하면 그것으로 평가를 받는다. 설계도, 광고 시안, 창의적 제품 개발 등도 마찬가지다. 구체적인 언어로 필요한 사항을 전달하는 일은 분명 중요하지만, 중간 과정을 담당자들이 자유자재로 운용할 수 있도록 배려해야 한다.

회의 전에 준비해야 할 4P

직장인들이 회의에 쓰는 시간이 평균 3만 시간이라는 통계가 있다. 햇수로 환산하면 무려 8년이다. 만약 8년이라는 시간을 무의미하고 지루하게 흘려보낸다면 얼마나 안타까운 일인가. 더구나 영상으로 회의와 미팅을 하게 되면 참여자는 언제든 방관자가 될 수 있다. 참가자 모두가 짧은 시간 동안 집중하여 효율적인 회의를 하려면 영상 속 리더의 역할이 중요하다. 앞서 '퍼실리테이터'에 대해 설명했는데, 퍼실리테이터는 회의 전반의 프로세스를 이해하고 참여자들이 자신의 능력을 발휘하도록 도와주는 조력자다.

회의는 '정해진 안건'과 '해야 할 일'이 명확하게 드러나야 한다. 그러기 위해서는 상황 전체를 파악하고 통제하는 능력이 필요하다. 회의에 참석했다고 해서 사람들 모두가 내용을 정확히 인지하는 것은 아니다. 그렇기에 퍼실리테이터는 관련된 사항을 일목요연하게 정리하여 알려주는 역할을 해야 한다. 모든 사항은 예측이 가능해야 한다. 회의가 끝나는 시간, 논의할 안건, 진행 프로세스 등이 명확할 때 참여자들의 부담이 줄어들고 적극적인 태도로 회의에 참여하게 된다.

회의 시간 배분 역시 명확해야 한다. 새로운 아이디어와 대안 중심으로 논의가 진행될 때는 이야기를 진전시켜 합의점을 찾고, 대안 없이 논의만 지속된다면 다음 안건으로 넘어가는 것이 좋다.

다카마키 료의 저서 《회의 퍼실리테이션》에 따르면, 회의를 준비할 때 4P를 미리 생각하라고 한다. 회의에서 무엇을 달성하고 싶은가 하는 명확한 목적(Purpose)을 세워야 하며, 회의 진행 과정(Process)도 빈틈없이 설계해야 한다. 참석할 사람들(People)이 누구인지, 참여자의 상태는 어떻고 의견은 어떤지도 사전에 알아두어야 한다. 끝으로 회의에 필요한 장비(Property)를 완벽히 준비해야 한다. 영상 회의라면 PT 자료 등이 여기에 해당할 것이다.

긍정의 회신을 부르는
이메일 커뮤니케이션

정확한 텍스트가 적절한 텍스트는 아니다

KBS 아나운서들은 방송뿐 아니라 한국어 업무도 담당한다. 한국어 업무란, 방송언어를 순화하고 고품격 표준어를 전하는 일로 외부기관과 협업하는 일이 많다. 내가 입사 7년차 때 있었던 일이다. 당시 모 대학에서 방송언어 관련 과목 개설을 아나운서실에 요청했고, 내가 관련 업무를 진행했다.

    그런데 관련 부서와 검토하고 내부 논의를 거친 결과, 아쉽게도 부정적인 의견이 우세했다. 제안을 하신 교수님께는 죄송하지만 이메일로 그 사실을 알렸다. 내부 검토 결과 KBS가 특정 대학과 공식 협약을 맺어 과목을 개설했던 사례가 없기 때문에, 형평성 차원에서 어렵다는 내용을 담았다. 그런데 이메일을 보내고 며칠이 지나도 별도의 회신 메일이 오지 않았다. 그냥 바쁘시겠거니 하고 크게 신경을 쓰지 않았다.

며칠 후, 다른 용무 때문에 교수님께 연락을 했는데 전화 연결이 되지 않았다. 메일을 보내도 답신이 없었다. 알고 보니 이 교수님이 내 메일을 읽고는 기분이 많이 상하셨다는 것이다. 팀장에게 전화해 항의할 정도로 화가 많이 나신 상태였다. 대학 입장에서는 총장실까지 보고된 내용을 일개 팀원 선에서 거절할 수 있느냐는 소리였다. 당황스러웠다.

내가 보낸 메일을 다시 검토해봤더니, 어법이나 내용에 있어서 특별한 문제는 없어 보였다. 하지만 찬찬히 곱씹어보니 내 이야기만 통보 식으로 전달했다는 걸 알 수 있었다. 방송 일정 때문에 여유가 없었던 나머지 논의된 결과를 일방적으로 전달하는 실수를 저지른 것이다.

팀장을 경험하고 20년 넘게 조직 생활을 한 지금은 당시 그 교수님의 입장이 충분히 이해가 된다. 이메일로 의견을 전달할 때, 특히 부정적인 피드백일수록 최대한 예의를 갖추고 상대방의 입장을 고려할 필요가 있었다.

이메일은 텍스트만 존재하는 고맥락 커뮤니케이션이다. 그만큼 상대방 입장에서는 해석의 여지가 커진다. 다시 말해, 오해의 여지 또한 크다는 뜻이다. 얼굴을 맞대고 이야기하면 표정과 제스처, 태도 등의 메시지가 여러 채널을 통해 전달되지만 이메일에서는 오직 텍스트만 오고 가기 때문에 더 신중해야 한다. 재택근무 시에는 이메일로 업무를 처리하는 빈도가 많아지기 때문에 특별히 신경 써야 될 부분이다.

이메일 소통에서 유의해야 할 점

|

언어학자 마틴 주스(Martin Joos) 교수는 언어에도 드레스 코드가 있다고 말한다. '말의 품격'에도 단계가 있다는 설명이다. 우선 정형화된(frozen) 말투가 있다. 공식 행사에서 주로 사용하는 말투다.

"바쁘신 가운데도 이렇게 와주신 내빈 여러분께 진심으로 감사드립니다. 이번에는 존경하는 협회장님의 축사를 듣도록 하겠습니다."

예의는 있지만 거리감이 느껴진다.

다음은 격식 있는(formal) 말투다. 방송 뉴스 앵커의 멘트가 대표적이다. 극존칭은 사용하지 않지만 많은 사람이 듣는다는 전제하에 최대한 예의를 갖추어 표현한다. 완전한 문장과 격을 갖춘 어휘만 사용한다.

다음 단계는 부드러운 대화체(consultative)로, 교양을 갖추어 말할 때 주로 사용한다. 처음 본 사람이나, 그리 친하지 않아서 격식을 차려야 할 때 이런 말투를 쓰게 된다. 세련되고 안정적인 느낌을 줄 수 있다.

그 다음은 일상적(casual)이고 편안한 말투다. 친분이 있는 사이에 사용하며 반말이 섞이기도 한다. "밥은?", "알았어"처럼 문장의 길이가 짧고, 대화 도중 크게 웃거나 어깨를 치는 등 말 대신 행동으로 표현하는 경우도 많다.

마지막은 친밀한(intimate) 말투로, 가족이나 친한 친구 사이에 격의 없는 대화를 쓸 때 사용한다. 더러 욕설이 포함되기도 한다.

언어의 드레스코드를 적절히 맞추기 위해서는 상황 및 청중과의 관계에 따라 이 다섯 단계를 사용해야 한다. 그렇다면 업무상 이메일로 소통할 때는 어떤 말투가 적당할까? 격식 있는 말투와 부드러운 대화체의 조화가 필요하다고 생각한다. 예전 일화를 생각해보면, 나는 가장 딱딱한 정형화된 말투와 격식 있는 말투를 사용했다. 그동안의 관계에 대한 고려 없이 지나치게 거리를 둔 사무적인 말투로, 그것도 거절의 이메일을 보냈으니 받는 사람 입장에서 기분이 좋을 리가 없다. 아마 이메일 대신 전화를 하거나 직접 찾아가서 회사의 입장을 밝혔다면 그렇게까지 감정이 상하는 일은 없었을 것이다.

받을 때 기분 좋은 이메일 쓰기

|

이메일이나 메신저 같은 텍스트 기반 커뮤니케이션은 반드시 시차가 발생한다. 상대방이 바로 확인하지 못할 수 있기 때문에 필연적으로 '지연'과 '대기'가 생긴다. 그런 점에서 메신저와 이메일은 대화라기보다 서신의 성격을 띤다.

따라서 중요한 제안이나 상대의 신상에 관한 문제, 그리고 거절의 말은 가급적 직접 만나 얼굴을 보고 이야기하는 것이 좋다. 불가피하게 이메일을 사용해야 한다면 다음 사항들을 반드시 고려하라.

우선 곧바로 답신을 보내지 말자. 바로 답하면 나의 용건만 전할 확률이 높다. 특히 내가 바쁜 상황에서 사무적인 말투를 쓰면 상대는 '일방적으로 통보받았다'고 생각하기 쉽다. 이메일을 받고 조금 더 숙고한 후 예의를 갖춰 보내는 것이 좋다.

두 번째, 퇴고의 과정이 필요하다. 이메일을 썼으면 바로 전송하지 말고 출력해서 한번 검토해보는 게 좋다. 상대가 이메일을 받았을 때 어떤 기분일지 생각하며 찬찬히 읽어보라. 화면 속 내용과 출력해서 보는 것은 차이가 있다. 상대 입장에서 역지사지로 검토해보는 절차가 필요하다.

셋째, 앞부분은 사적인 내용으로 채우는 것이 좋다. 급하면 용건부터 쓰기 쉬운데 안부를 묻거나, 혹은 기분 좋은 덕담으로 시작하면 좋다. 내가 이메일을 받을 때를 생각해보라. 상대방이 내 입장을 배려하고 챙겨준다는 느낌이 들 때 마음이 더 열리는 기분일 것이다.

넷째, 상대가 보기 좋게끔 편집하라. 기본적인 사항이지만 잘 지키지 않는 경우가 많다. 내용이 많아지면 가독성이 떨어진다. 띄어쓰기와 줄 바꿈, 단락 나누기를 제대로 하고 글씨 크기도 너무 작지 않게 조절해야 상대가 편하게 읽을 수 있다. 가장 중요한 것은 간결함이다. 안부와 개인적인 인사, 용건 그리고 추후 계획과 마무리 인사로 글을 읽기 쉽고 간결하게 구성할 것을 권한다.

마지막으로 덧붙일 사항은 내가 부정적인 감정 상태일 때는 이메일을 보내지 말라는 것이다. 내가 바쁘고 짜증이 날 때는 아무래도 내 위주로 커뮤니케이션할 확률이 높다. 시간을 갖고 감정을 가라앉힌 후 이메일을 보내는 것이 좋다.

재택근무를 하다 보면 업무 이메일을 더 많이 주고받게 된다. 똑같은 내용이라도 사무적인 비즈니스 메일과, 상대의 입장을 헤아린 메일은 다르다. 진심이 담긴 글에 상대방은 더 적극적으로 반응하고 내 요청에도 긍정적인 답신을 보내줄 것이다. 받았을 때 기분 좋은 메일, 그것이 좋은 관계의 시작이다.

재택근무의 부작용을 피하려면

불편한 속마음이 드러나다

최근 일본에서는 이른바 '코로나 이혼'에 대한 관심이 커지고 있다. 재택근무 때문에 부부 사이에 갈등이 늘어나면서 이것이 이혼으로 이어지는 사례가 속출하는 중이라 한다. 코로나 이혼이 늘어나는 근본적인 원인은 재택근무가 일상화되면서 부부가 얼굴을 맞대는 시간이 길어진 데 있다. 게다가 근무 시간이 단축되어 가계 수입이 감소하고, 아이들이 집에 머무는 시간이 늘어나면서 주부들의 육아 피로가 증가하는 점도 이혼을 부추기는 원인으로 꼽힌다.

트위터에는 '이번 기회에 내 미래를 진지하게 생각해봐야 할 것 같다'라는 일본 아내들의 목소리와 '남편 데스 노트(death note)'라는 해시태그가 눈에 띈다. 물론 다른 나라에서도 코로나로 부부 관계가 악화하는 현상이 나타나지만, 일본이 유독 심한 이유는 뭘까? 아마도 일본의 이중적인 모습을 축약한 '혼네'와 '다테마에'에서 비롯된 상황이 아닐까 한다.

일본어 '혼네(本音)'는 속마음을 뜻하고 '다테마에(建前)'는 겉으로 보여주는 표현을 뜻한다. 일본인들은 습관적으로 속과 다른 말을 내뱉는데, 예를 들어 상대방이 뭔가를 틀렸다면 정확히 지적하지 않고 "다시 한 번 생각해보는 게 어때?"처럼 돌려 말한다.

혼네와 다테마에는 무사들이 지배하던 일본 특유의 배타적이고 폐쇄적인 촌락 사회에서 시작되었다. 예로부터 일본인은 험준한 산지에서 모여 살며 지진과 태풍 등 잦은 자연재해를 견뎌야 했다. 그런 만큼 단합과 상급자에 대한 복종이 필수적인 미덕이었고, 혼자 튀거나 상대방을 자극하는 행동은 자연스레 혐오하게 되었다.

이번 코로나19로 인해 일본인들은 그동안 '다테마에'에 가려져 있던 서로의 '혼네', 즉 본모습과 속마음을 알아채게 된 것이 아닐까?

재택근무 시에 명확한 커뮤니케이션을 해야 한다는 것은 부부나 가족 사이에도 해당하는 이야기다. 가족이라는 이유로 불편하고 꺼려지는 것을 억지로 감내하고 숨길 필요가 없다. 그 시간이 길어지면 자신도 모르게 이중적인 가면을 쓰게 되고, 상대방이 자리를 비워서 가면을 벗을 수 있게 되기만을 기다리게 된다. 결코 건강한 관계가 아니다. 업무 관계에서와 같이 명확한 키워드로 소통하는 태도가 중요하다. 내가 무엇이 불편한지, 어떤 점을 고쳐주었으면 좋겠는지, 바라는 것이 무엇인지를 차분하게 이야기하고 상대방의 이야기 또한 열린 마음으로 들어주어야 한다.

코로나19로 인해 가족이 부딪히고 상처를 내는 것이 아니라, 예전에는 잘 몰랐던 서로의 새로운 모습을 발견하고 더 깊이 이해하는 기회를 만들 수도 있다.

몸과 마음의 피난처가 필요한 때

전문가들이 '코로나 이혼'을 막기 위해 추천하는 방법 중 하나는 바로 '부부 사이에 별도의 공간 만들기'다. 집 안에 각자의 공간을 정함으로써 필요할 때 서로 분리될 수 있는 구조를 만들라는 것이다.

일본에서는 이런 수요를 겨냥한 비즈니스도 등장했다. 최근 일본의 한 민박업체는 코로나19로 이혼 위기에 처한 사람들을 위해 공간을 빌려주는 서비스를 시작했다. '코로나 이혼 피난소'라 불리는 이곳에는 가전제품과 가구, 와이파이가 갖춰져 있어서 재택근무로 스트레스를 받는 사람이나 부부싸움으로 집을 나오고 싶은 사람들이 언제고 편하게 이용할 수 있다.

뭔가 우스꽝스러워 보이기도 하지만, 부부 사이에도 지친 몸과 마음을 잠시나마 대피할 수 있는 '피난소'가 필요하다는 점은 되새겨볼 만한 내용이다.

각자의 영역과 시간이 충분히 보장된 상태라면, 상황을 더 긍정적으로 바라보는 데도 도움이 된다. 조사에 따르면 결혼 만족도에 영향을 미치는 중요한 요인은 크게 두 가지라고 한다. 바로 긍정적인 시각, 그리고 '인정과 칭찬의 커뮤니케이션'이다.

이 상황에서 누릴 수 있는 특별한 것들을 발견하고 공유하는 마음가짐이, 지금 있는 그곳을 더 가치 있는 공간으로 만들어줄 것이다.

7장

언택트 시대에 사장에게 필요한 건 바로 '눈치'다

눈치 없이 언택트 시대를
어찌 버티랴

건강한 눈치가 필요하다

언택트 시대를 살고 있는 우리는 다양한 만남을 앞두고 고민을 먼저 하게 된다. 만나기 전까지는 부담이 앞서고, 만난다 하더라도 어쩐지 위축이 된다. 한편 비대면 만남에서는 어떻게 해야 더 효과적으로 소통할 수 있을지도 고민이다.

직접 만남이든 비대면 만남이든 언택트 시대에 모든 관계 속에서 필요한 것은 센스, 즉 눈치다. 누군가를 만났을 때 상대가 악수나 접촉에 대해 어떻게 생각하는지, 그리고 실시간 영상 커뮤니케이션 상황에서 참여자들이 얼마나 집중하는지 파악하는 장치가 바로 눈치다. 짧은 만남 속에서는 적절한 말 한마디가 빛을 발한다. 다변과 달변이 말을 잘하는 것이 아니다. 센스 있게 효과적으로 말하고 응수하는 사람이 정말 말 잘하는 사람이다. 어찌 보면 '말 잘하는 것'보다 더 중요한 것이 '잘 말하는 것'인지 모른다.

'눈치'라는 단어는 사실 뭔가 부정적인 어감을 풍긴다. 하지만 행동하지 않고 주관 없이 눈치만 보는 것이 문제지, 적절히 상황을 파악해 효과적으로 행동하는 눈치는 꼭 필요하다. 상황과 사람에 대한 정보가 부족한 언택트 시대, 우리에게는 건강한 눈치와 센스가 절실하다.

우리는 눈치의 민족

조선시대 풍속화의 대가, 김홍도의 〈서당〉이라는 그림을 보면 서당에서 공부하는 아이들의 익살맞은 모습이 잘 표현되어 있다. 훈장 선생님에게 혼나는 아이 옆에서 다른 아이들은 재빠르게 눈치를 보며 다음을 준비하고 있다. 숙제를 제대로 하지 못해 친구가 혼나는 것을 보며 나름대로 대비를 하느라 다들 분주한 모습이다.

이어령 교수는 이렇게 말한다.

"우리는 눈치가 발달한 민족이다. 눈치가 빠르면 절에 가도 젓갈을 얻어먹는다는 속담이 있다."

한편 2019년 11월 〈뉴욕타임스〉에는 한국인의 행복과 성공 비결은 바로 '눈치'라는 내용의 칼럼이 실렸다. 눈치를 발음 나는 대로 'nunchi'라고 적은 후 한국 사회에서 눈치는 세상을 살아가는 지혜라고 말한다.

그러면서 눈치의 예로 명함을 교환하는 장면을 든다. 서로 공손히 명함을 교환하며 눈치 기제가 작동한다는 것이다. 명함을 주고받는 찰나 두 사람은 서로의 위치와 앞으로의 관계에 대해 판단한다. 칼럼에서는 그것을 부정적으로 보지 않고 순간의 관찰로 상대를 파악하는 능력이라고 평가한다. 또한 덧붙이기를, 한국인의 눈치는 속도감 있는 상황 판단 능력으로 사회생활에 필수적인 요소라고 강조한다. 'read between the lines', 즉 행간을 읽어 상대방의 의도를 파악하는 감각이 바로 눈치라는 것이다.

영국의 일간지 〈데일리메일〉도 눈치는 한국인들이 가진 슈퍼 파워, 즉 초능력이라고 평가했다. 초자연적인 능력이라기보다는 다른 사람의 생각과 느낌을 순간적으로 파악하는 절묘한 기술, 다시 말해 상대의 마음을 읽는 하나의 방법이라는 것이다. 이렇게 상대의 마음을 읽으면 그 사람의 기분을 상하지 않게 할 수 있을 뿐만 아니라 나에게 해를 입히려는 사람들에게서 자신을 보호

할 수 있다고 기사는 설명한다.

〈데일리메일〉에 따르면, 눈치는 일상에서 널리 통용되는 화폐 같은 것이다. 원하는 것을 얻기 위해서 방 안의 분위기, 그리고 자신이 처한 상황을 읽어내는 기술이라는 소리다. 실제로 어떤 공간에 들어갈 때 눈치를 본다는 것은, 그 안의 누군가와 대화나 교류를 시작하기 전에 전체적인 분위기를 살핀다는 뜻이다. 하나의 공간 안에는 여러 사람들과 다양한 단서들이 한데 섞여 있으며 끊임없이 변화한다. 그 단서들을 읽어내기 위해서는 나보다 다른 사람에게 더 집중하는 관찰력, 즉 눈치가 있어야 한다.

불안한 사회에서 발휘되는 눈치의 위력

눈치라는 단어를 뜯어보면, 사람의 눈을 가리키는 순수한 우리말 '눈'과 측량 또는 값을 나타내는 '치(値)'라는 한자어가 결합된 말이다. 정밀한 측정이 아닌 눈대중에 가까운 의미라 할 수 있다. 국어대사전에서는 '남의 마음의 기미를 알아챌 수 있는 재주'라고 정의하고 용례로는 '눈치가 없다', '눈치가 빠르다' 등을 들고 있다. 또 다른 의미는 '속으로 생각하는 바가 겉으로 드러나는 어떤 태도'라고 정의한다. 용례로는 '눈치가 좀 이상하다', '가고 싶어 하는 눈치다.' 등이 있다.

정리해보자면 눈치란 상대방의 마음이나 자신이 처한 분위기를 그때그때 미루어 파악하고 상황에 적합한 행동을 하는 것이다.

눈치와 관련된 논문들을 보면 눈치의 특성을 다음과 같이 정의한다. 먼저 역동적인 의사소통 과정에서 의미와 맥락을 파악하는 것이다. 단순히 말의 내용만을 보는 것이 아니라, 그 말에 담긴 의미와 맥락까지 알아차린다는 것이다. 말뿐 아니라 상대의 행동과 침묵까지도 그 안의 의도를 파악하는 것이 눈치다.

눈치는 공감의 한 유형이라 할 수 있지만, 정서적 공감보다는 인지적 공감에 가깝다. 정서적 공감은 상대의 감정을 느끼고 공유하는 것이다. 즉 눈높이가 같아져 상대의 처지와 입장을 같이 느끼는 것이다. 반면에 인지적 공감은 판단과 생각을 통해 상대의 입장을 논리적으로 파악하는 것을 뜻한다.

예를 들어 회의 시간에 '지금 말을 할 것인가, 말 것인가?'를 적절히 판단하는 것, 또는 점심시간을 앞둔 시점, 누군가에게 업무상 확인할 내용이 있더라도 점심시간 뒤로 잠시 미루는 것이 눈치 있는 행동이다. 이럴 때 상황 파악을 하지 못하는 사람은 '눈치 없다'는 소리를 듣게 마련이다.

또 눈치는 상대적으로 비언어적 단서에 의존한다. 기본적으로 우리가 언어를 통해 드러내는 말은 내용과 더불어 맥락으로 구성된다. 따라서 말의 내용만으로는 그 의미를 정확히 파악하기 힘들다. 때로 말은 중의적 표현을 담고 있어서 의도나 의미는 정반

대인 경우도 흔하다.

그에 비해 비언어적 단서는 사람의 심리를 은연중에 내비친다. 예컨대 대화 시 팔짱을 끼는 것은 자신을 방어하거나 의견을 고수하려는 의지를 보여준다. 손가락 장난을 친다는 것은 대화가 지루하다는 의미일 때가 많다. 만약 누군가가 소매를 걷어 올리고 성큼 앞으로 나서며 말한다면 강한 의견이 있거나 논쟁을 하려는 징후라 할 수 있다. 시선을 맞추면서 손으로 턱을 괴는 행동은 관심이 있다는 뜻이며, 다리를 흔들고 손톱을 물어뜯는 경우는 불안감을 나타낸다.

물론 이런 비언어적 단서들이 언제나 똑같은 의미를 나타내는 것은 아니다. 하지만 언어적 단서와 비언어적 단서, 상황과 분위기를 종합하여 그 사람의 심리를 충분히 파악할 수 있으며 그것이 곧 눈치다.

눈치는 누군가와의 관계에서 의식하든 의식하지 않든 작동하는 기제로 우리 삶에 깊이 관여한다. 건강한 눈치는 상황을 파악하는 데서 그치는 것이 아니라 적절한 행동까지 포함한다. 눈치는 특히 불확실하거나 불안정한 상황에서 힘을 발휘한다. 그렇기에 상상치 못했던 날들이 일상이 되어가고 있는 뉴노멀, 언택트 시대에 리더가 겸비해야 할 진정한 능력은 센스, 즉 눈치다.

눈치의 역사

|

눈치라는 개념은 인류 역사의 시작부터 존재했다. 공동체 생활이 시작되고 힘을 합쳐 생존을 도모하던 순간부터 눈치는 필요했다. 대표적인 것이 사냥과 채집이다. 사냥을 하기 위해서는 동물의 위치와 상황뿐 아니라 동료의 위치와 움직임을 파악하는 것이 필수적이었다.

원시 인류의 가장 큰 화두는 생존이었다. 자신을 보호할 특별한 장치가 없는 상황에서 자신보다 몇 배 큰 동물과 맞서기 위해서는 민감한 눈치가 절실했다. 자연환경 또한 경외의 대상이자 일상적인 불안함의 근원이었다. 뭔가 불안하다 싶으면 재빨리 피신하는 것이 상책이었다.

뇌 진화론에서는 우리가 어떤 대상을 처음 판단할 때 '나와의 유사성'을 기준으로 삼는다고 설명한다. 만약 들판에서 식량을 채집하고 있는데 저 멀리서 나와 다른 것이 빠르게 다가온다면 어떻게 해야 할까? 묻지도 따지지도 않고 도망가야 한다. 이 시절의 DNA는 우리 안에 축적되어 지금도 인간은 나와 비슷한 사람에게 호감을 느낀다.

정리하자면, 눈치가 문제 해결을 위한 인지적 기제라면 불안은 살아남기 위한 정서적 반응이다. 눈치는 문제를 해결하고자 하는 방향으로 작동하고, 불안은 일단 회피하는 쪽으로 우리를 이끈다. 현실에서는 이 두 가지가 혼재되어 나타난다.

인류가 집단생활을 하면서 눈치의 노하우는 점차 축적되었을 것이다. 집단의 리더가 생겨나고, 리더를 중심으로 정보의 집중 현상이 나타나며, 권력에 따른 지배와 복종의 메커니즘이 자리 잡는다. 그리고 피지배자는 자연스럽게 지배자의 눈치를 보게 된다. 눈치가 빠른 자들은 권력 서열에서 유리한 자리를 차지했으리라.

맥락을 파악할 때 필요한 눈치 DNA

눈치를 주제로 하는 논문을 찾아보면 재미있는 연구 결과가 많이 소개되어 있다. 그중 하나가 '눈치가 뛰어난 사람이 대인관계도 좋다'는 것이다. 눈치가 빠른 사람은 관계를 통한 만족감뿐 아니라 의사소통 능력, 신뢰감, 친근감, 민감성, 개방성, 이해력 등 대인관계와 관련된 전반적 능력이 높은 것으로 나타났다.

또 한 가지 흥미로운 사실은 눈치가 뛰어난 사람이 자기존중 감도 높다는 점이다. 우리가 흔히 말하는 '자존감'은 자기존중감과 자기효능감으로 구성된다. 자기존중감은 자신을 얼마나 가치 있게 여기느냐를 말하며, 자기효능감은 자신이 얼마나 능력 있는 사람이라 믿느냐를 뜻한다. 눈치가 빠른 사람들은 자신의 선택과 행동에 확신을 가지는 경향이 높기 때문에, 스스로를 가치 있게 여기는 것으로 나타났다. 나아가 눈치는 개인적 안녕감과도 밀접한 연관이 있다. 안녕감이란 삶의 질을 측정하는 한 가지 척도로, 쉽게 말해 '내가 얼마나 행복한가'를 말해준다.

눈치능력 ↑ ──── 대인관계 능력 ↑ ──── 개인적 안녕감(행복감) ↑
자아존중감 ↑

아시아권에서는 특히 눈치라는 개념을 중시하는데, 아마도 집단주의가 강하고 '맥락' 중심의 커뮤니케이션이 발달했기 때문일 것이다. 개인보다는 집단의 이익과 협력을 강조하는 문화 속에서 사람들은 일상적으로 타인이나 집단의 눈치를 살핀다.

일본이나 중국에서도 '눈치'와 유사한 표현을 찾아볼 수 있다. 중국에서는 '유안색(有眼色)'또는 '간안색(看眼色)'이라는 표현을 쓴다. 유안색은 '눈빛이 있다'는 뜻으로 우리 식으로 해석하면 '눈치가 있다'는 뜻이다. 또 간안색은 '눈빛을 살핀다'라는 의미로 '눈빛을 통해 상대의 의도를 파악하는 것'을 의미한다. 일본어에도 '공기를 읽는다(空をよむ)'라고 직역할 수 있는 표현이 있다. 즉, 분위기를 파악한다는 뜻이다.

커뮤니케이션에는 굳이 말하지 않아도 암묵적으로 공유하는 '맥락'이 있다. 대화는 이를 전제로 진행된다. 언택트 시대에는 이렇게 맥락으로 분위기를 파악해야 하는 상황이 훨씬 더 많아질 것이다. 영상 속 만남에는 한정된 정보만이 공유되고, 마스크를 쓴 채 짧은 대화를 나누는 만남에는 한계가 있다. 인류의 역사와 함께 발달한 '눈치의 DNA'가 그 어느 때보다 강력하게 발현되어야 할 때다.

눈치는 행동으로 완성된다

눈치는 상황을 파악하는 것에서 그치지 않고 '행동'으로 이어질 때 완성된다. 우리가 흔히 '눈치가 있다.' 하는 사람들은 분위기를 잘 파악할 뿐 아니라 그때그때 사람들이 불편하거나 어색하지 않게끔 적절한 행동을 취한다.

눈치 있는 사람이 매너도 좋다는 사실을 기억하라. 눈치와 매너가 모두 뛰어난 '눈치의 대가'로 과거 빅토리아 여왕을 들 수 있다. 한번은 버킹엄궁 연회에 초대된 외국의 고위인사가 손 씻는 '핑거 볼'의 용도를 모르고 그만 벌컥 마셔버린 일이 있었다. 모두가 당황하고 있을 때 빅토리아 여왕은 그 손님이 민망하지 않도록 자신도 핑거 볼을 들고는 마셔버렸다. 그러자 다른 사람들도 눈치껏 따라서 핑거 볼을 들이켜면서 상황은 자연스럽게 종료되었다.

빅토리아 여왕이 만약 눈치 없는 사람이었다면 연회의 시작부터 귀한 손님을 민망하게 만들어서 내내 어색한 분위기가 연출되었을지 모른다. 실제로 보면 '눈치가 참 없다'는 소리를 듣는 사람들은 분위기를 잘 파악하지 못하는 데다가, 행동 또한 상황을 부정적으로 만드는 경우가 많다.

한편 '눈치 있다'도 '눈치 없다'도 아닌 '그 사람은 눈치를 많이 본다'라고 말하는 경우가 있다. 분위기를 파악하는 능력은 좋지만 적절한 행동을 하지 못하는 사람들이 이런 소리를 듣는다. 이 경우 자칫 음흉하거나 계산적이라는 이미지를 줄 수도 있다.

눈치는 남녀 간에도 차이가 있는 것으로 나타났다. 남자들은 눈치 중에서도 파악 능력이 여자보다 더 높은 반면, 행동 능력은 여자 쪽이 더 높았다. 유추해보자면, 논리적 사고력이 발달한 남성들은 파악 능력이 강하고, 공감 능력이 뛰어난 여성들은 상대방과 상황에 어울리는 행동을 더 적절히 취하는 것으로 보인다.

눈치 개념 연구에서 정리한 눈치의 구조는 다음과 같다.

파악 능력	**눈치 있다**	적절한 행동을 하기 위해 분위기나 상대방의 기분, 감정을 파악함
	눈치 보다	불안함 때문에 분위기나 상대의 기분을 파악함
	눈치 없다	분위기, 상대의 기분을 파악하지 못함

행동 능력	**눈치 있다**	상황에 맞는 적절한 행동을 하고 분위기를 이끔. 상대방의 감정을 배려함
	눈치 보다	내 생각과는 상관없이 상황이나 상대방을 맹목적으로 따름
	눈치 없다	상황에 맞지 않는 행동을 하거나, 필요한 행동을 하지 못함

눈치는 우리가 의식하든 의식하지 않든 거의 모든 대인관계에서 작동한다. 특히 새로운 상황이나 불확실성이 높은 상황에서는 눈치가 빠르게 가동된다. 정보가 부족하고 다양한 변수가 상존하는 언택트 시대는 그야말로 눈치 있는 행동이 필요하다. 부담을 무릅쓰고 상황을 리드하거나 새로운 제안을 해야 할 때, 눈치가 없거나 눈치만 보는 리더는 조직을 곤란에 처하게 만든다.

눈치를 챙길 때는
특보를 전하는 앵커처럼

2014년 그날, "지금 어디 계십니까?"

오랜 앵커 경력 중 결코 잊을 수 없는, 그리고 가장 가슴 아픈 특보는 바로 2014년 세월호 특보였다. 계산해보니 하루에 6시간씩 모두 60시간이 넘는 특보를 진행했다. 당시 나는 낮 12시 뉴스를 전담했다. 오전 10시 넘어 분장실에서 분장을 받고 있는데 진도 앞바다에서 배가 침몰하고 있다는 뉴스 속보가 자막으로 떴다. 처음에는 아주 심각하게 생각하지 않았다. 곧바로 구조가 될 것이고, 큰 문제는 아닐 것이라 예상했다. 그런데 시간이 지날수록 상황이 심상치 않았다. 나보다 먼저 들어간 앵커가 고전을 면치 못하고 있었다. 들어온 정보가 없어서 상황 파악이 잘 안 되었기 때문이다.

어쩔 수 없이 12시 전담인 내가 10시 35분쯤 분장만 마친 상태로 투입되었다. 주어진 앵커 멘트는 오프닝뿐이었다. 진도 앞바다에서 세월호라는 여객선이 몇 시경에 침몰 사고를 당했다는 내용이 전부였다. 기자 한 명이 동석했지만 그 기자 역시 정보가 부족한 것은 마찬가지였다. 이제부터는 정보 싸움이었다. 일단 시간을 최대한 끌어야 했다. 그리고 어떤 정보든 새로 들어오는 대로 확인한 후 상황을 판단해서 적절한 멘트로 연결해야 했다. 그야말로 상황 판단이 매우 중요한 시점이었다.

잠시 후 영상도 아닌 사진이 한 장 들어왔다. 기자와 함께 그 사진을 보며 조심스럽게 상황을 예측했다. 귀에 꽂은 이니어에서는 쉴 새 없이 여러 사람의 목소리가 들려왔다. 심지어 뉴스 PD가 조용히 좀 하라고 소리까지 지르고 있었다. 보통의 뉴스는 다음에 어디의 누구와 연결할지 미리 예정되어 있지만 이건 속보 상황이었다. 진행 큐시트는 무의미했다.

출연기자와 상황을 정리하고 있는데 이니어에서 소리가 들린다.

"김 앵커, 다음은 기상관측선 1호 선장 연결이다. 알았지?"

아무런 정보도 없이 기상관측선이라니? 당황스러울 뿐이었다. 그렇다고 "그게 무슨 소립니까?" 하고 물을 수도 없는 일이다. 방송 중에 앵커는 이니어로 듣기만 할 뿐 말할 수는 없다. 이니어 너머 스태프들의 목소리, 앞에 보이는 모니터, 출연기자의 모습 등을 통해 판단해야 한다. 눈치 기제가 작동한다.

일단 '왜 기상관측선을 연결했을까?'를 생각했다. 그리고 기자와 대화를 나누면서 머릿속으로는 어떤 질문이 적절할지 검토를 계속했다. 이윽고 선장과 연결이 되었다. 나는 곧바로 이렇게 질문했다.

"선장님, 지금 어디 계십니까?"

세월호와 기상관측선의 연결고리를 찾기 위한 질문이었다. 선장의 명료한 답변이 돌아왔다.

"네, 세월호가 있는 지점에서 200미터 남쪽에 있습니다."

그 눈치 있는 질문으로 전체 인터뷰의 키를 잡을 수 있었다. 후속 질문들이 물 흐르듯 이어졌고 세월호의 현재 상태, 구조 상황, 날씨, 그 해역의 특징 등에 대한 상세한 정보를 시청자들에게 제공할 수 있었다.

이후 "지금 어디 계십니까?"는 뉴스 특보 앵커의 첫 질문으로 자리 잡았다. 지금도 내 후배 앵커들이 당황스러운 상황에서 누군가를 연결할 때 던지는 첫 질문이며, 나의 자부심이기도 하다.

'대통령의 양복'이 일깨워준 눈치

뉴스 앵커에도 나름 레벨이 있다. 처음에는 주말 10분 정도의 뉴스로 시작한다. 이때는 반듯한 인상과 안정적인 운영 능력이 높이 평가받는다. 이후 오디션 등을 통해 30분 이상의 뉴스를 담당하는 종합 뉴스 앵커로 승급하고, 여기서 더 나아가면 뉴스 특보를 맡게 된다. 뉴스 특보 앵커는 단독으로 한 시간 이상 속보를 처리할 수 있는 앵커를 말한다. 방송국에서는 앵커가 속보 상황에 어떻게 대처하는가를 보고 뉴스 특보를 맡길지 여부를 판단한다.

예를 들어 10분 뉴스를 진행하고 있는데 화재 속보가 들어왔다. 이때 대처하는 모습을 보면 이 앵커에게 특보를 맡겨도 되는지 알 수 있다. 정해진 원고는 누구든 소화할 수 있지만 원고가 없을 때 상황을 통제할 수 있는지는 사람에 따라 다르다. 처음에는 반듯한 외모로 좋은 평판을 얻었지만 속보에 잘 대처하지 못해 앵커를 오래 하지 못하는 경우가 실제로 참 많다.

방송국에서는 한 시간 이상 특보를 진행할 수 있는 뉴스 특보 앵커를 따로 관리한다. 주말의 경우, 특보 상황이 발생하면 일단 당직 아나운서가 속보를 진행하다가 그날 대기조 명단에 있는 특보 앵커가 서둘러 회사에 나와 배턴을 넘겨받아야 한다.

뉴스 특보를 진행할 때 어려운 순간 중 하나는 실시간으로 그림이 들어오지 않아서 상황을 파악하기 어려울 때다. 2018년, 우리 대통령이 평양에 방문했을 때였다. 평양에서의 화면은 프레스 센터에서 일괄적으로 각 방송사에 송출해준다. 실시간으로 들어오는 것이 아니고 평양에서 들어온 화면을 시차를 두고 보내준다. 시간대가 뒤죽박죽인 경우도 많아서, 저녁 상황이 오전에 들어올 수도 있고 어제 상황이 오늘 들어올 수도 있다.

화면을 받은 각 방송사는 그것을 바탕으로 뉴스 특보를 진행한다. 이니어에서 소리가 들린다.

"김 앵커, 1분 뒤에 프레스 센터에서 그림 들어온다고 하네. 어떤 상황인지는 모르고."

당황스럽다. 프레스센터에서는 각 방송사에 같은 그림을 보내준다. 때문에 똑같은 그림을 보고 상황을 순발력 있게 파악해 적절히 설명하는 앵커의 능력이 여기서 드러난다. 이니어에서는 카운트다운 소리가 들리고 옆에 있는 출연기자, 전문가와 이야기를 나누며 화면이 뜨기를 기다린다.

이윽고 화면에는 우리 대통령이 백두산 인근 공항에서 찍은 영상이 떠올랐다. 당시 우리 대통령과 김정은 위원장의 예정에 없던 백두산 방문 일정이 발표된 터였다. 출연기자는 대통령이 백두산에 오르기 전 공항에 도착했다고 단정 지으며 이야기를 이어갔다. 그런데 이상했다. 평양에서 출발할 때 대통령과 김정은 위원장은 코트를 입고 있었는데, 지금 사진은 코트를 벗은 상태다. 더구나 대통령이 김정은 위원장과 악수를 하고 비행기 트랩을 오르는 것이 아닌가?

바로 출연기자의 말을 막으며 이상한 점을 이야기했다.

"앞서 평양 순항공항 때와 복장과 다르고, 작별 인사를 하는 듯한 모습인데요. 조금 더 확인을 해봐야 될 것 같습니다. 화면이 순서대로 들어오지 않기 때문에 약간의 혼선이 있을 수 있습니다. 시청자 여러분, 이 점 참고하셔서 보셔야겠습니다."

아니나 다를까 확인 결과 이 화면은 백두산 등반을 마치고 작별 인사를 하는 화면이었다. 공항 도착과 백두산 등반 화면을 건너뛰고 마지막 화면이 먼저 들어온 것이다. 이니어에서 소리가 들렸다.

"김 앵커, 잘했어. 굿!"

나중에 다른 방송국 뉴스를 모니터해보니 거의 30분 넘게 잘못된 정보를 전하고 있었다. '어찌 양복을 입고 백두산에 오를 수 있을까?'라는 의문이 큰 힘을 발휘한 순간이었다.

뉴스는 불확실성의 연속이다. 그렇기에 눈치와 센스가 없는 사람은 뉴스 앵커를 오래 할 수 없다고 단언한다. 특보 상황은 더욱 그렇다. 짧은 시간 내에 정보를 파악해 상황에 맞게 재구성해야 한다. 정보 수집력, 상황 판단력, 적절한 표현력. 모두 눈치의 핵심적인 요소다.

흩어진 정보의 조각들을 모아라

특보를 진행할 때는 조각조각의 정보를 모아 상황을 판단하는 것이 매우 중요하다. 또한 정확한 상황을 파악할 때까지 시간을 끌어야 하는 경우가 많다. 모두 눈치와 센스가 필요한 일이다. 기자와 연결할 때는 그나마 괜찮지만 일반인과 연결할 때는 대처하기가 훨씬 어렵다. 평상시라면 미리 질문지를 보내고 답변을 예측할 수 있지만 특보 상황은 그렇지가 않다.

한국 시간으로 새벽 4시에 발생한 '헝가리 유람선 침몰 사고' 특보를 맡았을 때다. 먼 지역이다 보니 특파원 연결까지 시간이 필요했다. 파리 등 다른 지역에 있던 특파원이 헝가리 현지로 이동하는 중이어서 우리 취재진이 찍은 현장 그림은 아직 확보하지 못한 터였다. 어쩔 수 없이 외신을 통해 현지 상황을 전해야 하는 어이없는 상황이었다.

그래서 아쉬우나마 급하게 연결한 사람이 헝가리에서 민박집을 운영하는 한국인 사장이었다. 물론 사전 질문지 같은 것은 없었다. 역시나 "어디에 계십니까?"를 첫 질문으로 시작해 현지 상황에 대해 물어봤다. 현지 방송에서 전하는 구조 상황을 중심으로 몇 가지 질문을 하고 인터뷰를 마치려는데 이니어에서 소리가 들린다.

"김 앵커, 시간 좀 더 끌어."

물어볼 질문은 이미 다했는데, 참 야속한 주문이다. 다행히 순식간에 눈치 기제가 재빠르게 작동한다. 앞서 질문한 것들 중 좀 더 구체적으로 물어볼 내용은 없는지 찰나의 시간 동안 복기를 한다. 그리고 중요한 질문 하나가 입에서 나왔다.

"혹시 저 유람선을 타보신 적이 있으십니까?"

답변은 허무하리만큼 시원했다.

"네, 얼마 전에도 타봤죠."

'그 중요한 이야기를 왜 이제야 하십니까?'라고 묻고 싶을 정도였다. 생각해보면 나는 처음에 민박집 사장님을 제3자의 관찰자로만 여겼다. 그러다 순간적으로 '헝가리에 오래 살았다면 한번쯤 유람선을 타지 않았을까?'라는 생각이 스친 것이다. 이후로는 역시 물 흐르듯 질문이 이어졌다. 유람선의 구조, 실제 탔을 때 느꼈던 안전상의 문제 등 장장 20여 분간 방송을 자연스럽게 진행할 수 있었다. 다른 방송사와 비교했을 때도 훨씬 생생하고 심도 있는 인터뷰였다는 평가를 받았다.

때로 우리는 일상에서도 뉴스 특보를 진행하는 앵커와 같은 상황에 맞닥뜨린다. 그 상황에 주어진 정보만을 바탕으로 눈치껏, 적절히 대처해야 한다. 기업의 리더들이 조직을 이끌 때 그런 순간은 하루에도 수없이 찾아온다. 이때 기억할 것이 있다. 우리에게 주어진 시공간은 유기체다. 그 공간 안에 수많은 정보가 흩어져 있고 미묘한 분위기가 뒤섞여 있다. 그 안에서 실마리를 포착해 적절한 행동과 한마디 말로 연결하는 것은 모든 리더에게 필요한 자질이다.

눈치 있는
사장이 되는 법

특보 담당 앵커로 성장하는 과정과도 닮은 '눈치를 키우는 방법'.
그 과정을 지금부터 자세히 알아보자.

선택적 지각의 함정에 유의하라

사람들은 흔히 자기중심적으로 생각하고 판단하기 때문에 의식
하지 않으면 내가 익숙한 것만, 혹은 보고 싶은 것만 보게 된다.

이른바 '선택적 지각' 현상이 일어나는 것이다. 이렇게 되면 상황과 사물을 전체적으로 보지 못하며, 자신이 선택적으로 이해하고 기억한 것이 다른 사람에게도 동일하게 적용된다고 믿는다. 다시 말해 남들도 나처럼 보고, 이해하고, 믿는다고 착각하는 것이다. 그 착각에서 벗어나는 것이 인식 전환의 출발점이다.

어떤 모임에 참석했을 때 선택적 지각을 하는 경우에는 나와 대화를 나눈 사람, 내가 관심을 가졌던 주제, 눈앞의 분위기만을 기억한다. 하지만 눈치가 뛰어난 사람이라면 장소의 전체적인 느낌, 여러 사람의 다양한 반응, 사람들의 보이지 않는 심리까지 두루 포착한다. 이는 의도적으로 관심을 갖지 않으면 알 수 없는 부분이다.

눈치를 키우는 연습을 할 때는 내가 선택적 지각을 하고 있지는 않은지 수시로 점검하는 태도가 필요하다. 또한 어떤 만남이나 모임에 참석했을 때 거기 있는 사람들의 행동, 말투, 비언어 등의 단서를 꾸준히 관찰하는 습관을 들여야 한다.

'모니터'는 나의 힘

우리는 날마다 크고 작은 경험을 한다. 어떤 사람은 하루하루의 경험을 통해 지식과 상식, 노하우를 얻는다. 그런데 또 어떤 사람은 아무것도 들여다보지 않은 채 경험을 그냥 흘려보낸다. '일회용 경험'에 그치고 마는 셈이다.

하지만 역사의 발달도 모두 자기반성과 복기를 통해 이루어진 것임을 기억해야 한다. 우리가 겪는 수많은 상황과 관계를 적극적으로 모니터하는 것은 매우 유용한 방법이다.

뉴스 앵커는 뉴스를 마치면 회의를 통해 모니터를 받는다. 또한 모든 아나운서는 새로운 프로그램을 맡은 후 합평회에 참석하게 된다. 전체 아나운서 선후배가 모인 가운데 평가를 받는 자리다. 아나운서에게는 가장 공포스러운 시간이지만 어찌 보면 발전을 위해 가장 소중한 시간이기도 하다.

합동 평가회는 새로운 프로그램에 투입된 후 한 달 즈음 열린다. 고참 아나운서들이 방송을 보면서 세세하게 모니터를 해주는데 마음이 여린 친구들은 눈물을 보이기도 한다. 외모, 목소리, 자세, 태도 등 자신의 모든 것을 하나하나 끄집어내 분석하다 보니 불편할 수밖에 없고 때로는 자존심이 상하기도 한다. 물론 지적은 아프지만 중요한 것은, 그 과정을 통해서 나의 단점을 발견하고 고치는 것이다. 고참들의 노하우를 고스란히 받아들여 내 것으로 소화하면 그만큼 발전할 수 있다.

우리의 눈치와 센스도 그런 과정을 통해 충분히 발전할 수 있다. 중요한 회의나 미팅, 만남이 끝난 후에는 상황을 복기해보길

바란다. 그 당시 분위기는 어땠고, 그 당시 나의 말과 행동, 상대의 반응이 어땠는지 찬찬히 돌아보는 것이다. 다양한 유형의 상황 속에서 내가 어떤 점에 취약한지, 특정한 버릇이나 습관이 있지는 않은지 분석하고 개선 방안을 마련할 필요가 있다.

바둑에서 대국 이후 자신이 둔 수들을 차근차근 복기하는 과정이 필수이듯, 모든 사회화 과정의 핵심은 경험을 통한 반추다. 어떤 상황을 경험했다면 그것으로 끝나는 것이 아니라 다시 기억을 더듬어보기, 복기를 해야 한다는 것이다.

나만의 리트머스 시험지를 준비하라

어떤 만남이든 상황이 예측한 대로 흘러가지는 않는다. 그럴수록 어떤 말과 행동이 적절할지 미리 고민해볼 필요가 있다. 회의에 참석할 때도 어떤 사람들이 참석하는지, 각자의 목적은 무엇인지, 혹시 참석자 가운데 최근 특별한 일을 겪은 사람은 없는지 미리 살피고 대비하는 것이 효과적이다. 이런 정보를 바탕으로 적절한 질문도 사전에 준비할 수 있다.

자신의 순발력이나 스피치 능력을 과신해 준비를 소홀히 하다가 낭패를 보는 경우는 흔하다. 만약을 대비하는 자세로 늘 훈련을 하면 어느 순간 그 시간들이 쌓여 강력한 경쟁력이 된다. 어떤 상황에서라도 활력 넘치는 소통을 이끌어낼 수 있을 것이다.

나는 다양한 종류의 강의와 컨설팅을 하고 있지만 가장 어려운 것이 일대일 코칭이다. 기업의 CEO와 정부 기관의 장들을 만나면 분위기 자체가 엄숙하다. 더구나 상대방의 기분 상태가 코칭에도 큰 영향을 미친다. 15년 넘게 일대일 코칭을 진행하면서 내 눈치 능력이 향상된 것은 말할 나위가 없다. 코칭하는 것 자체가 나의 눈치 훈련인 셈이다.

코칭을 시작한 지 얼마 안 됐을 때의 일이다. 어느 대그룹의 부사장을 호텔에서 만났다. 본인의 사무실보다는 그룹 소유의 호텔 회의실에서 하는 쪽이 더 편하다는 의견 때문이었다. 나는 의욕적으로 두 시간 동안 다양한 이론과 실습 코칭을 했다. 그런데 상대방이 집중을 못하는 것이 느껴졌다. 그렇다고 왜 그러시냐고 물어볼 수도 없는 상황이었다. 코칭을 갓 시작했을 때라 배짱과 노하우가 부족한 탓도 있었으리라.

코칭을 마치고 자리에서 일어서려는데 식사를 같이하자는 제안을 받았다. 그래서 호텔에 있는 식당에 들어가 마주앉았다. 막 식사를 하려는데 부사장이 갑자기 한 가지 제안을 해왔다.

"박사님, 앞서 코칭에서 상황을 잘 파악해 묘사하는 것이 중요하다고 말씀하셨는데요. 지금 이 레스토랑 분위기를 스피치해주실 수 있을까요?"

아! 나를 시험해보는 것이었다. 짐짓 당황했지만 스피치 커뮤니케이션 1호 박사이자 아나운서의 명예를 걸고 주저없이 리포트 형식으로 상황을 스피치했다. 그 시간 이후로 부사장의 반응은 확실히 달라졌다. 다음에 이어진 코칭에도 적극적으로 참여했고 좋은 성과를 거둔 후 기분 좋게 코칭을 마쳤다.

나중에 비서실을 통해 들은 이야기지만 그 부사장은 의심이 많은 스타일이어서 평소에도 업무를 맡은 담당자의 자질에 의문을 수시로 제기한다고 했다. 나 역시 자신을 가르칠 만한 자격이 있는지 판단해보고 싶었던 것이다. 그 부사장 앞에서는 나에게 어떤 능력과 자질이 있는지 먼저 보여주는 것이 중요한 셈이었다.

이후 코칭을 할 때면 비서실을 통해서 그 사람의 인적사항과 특징에 관해 미리 정보를 제공받는다. 코칭을 15년 넘게 하다 보니 이제는 킥오프미팅 때 소위 견적이 나온다. 상대방이 어떤 스타일인지, 그리고 어떻게 진행하는 것이 효과적인지 어느 정도 감이 잡힌다. 무작정 의욕적으로 내용을 많이 가르치고 과제를 내주는 것이 능사가 아니다. 상대방의 상태와 의지를 파악해 적절히 조율하는 것이 중요하다. 그래서 코칭 시 나는 이런 질문을 던진다.

"한 주간 어떻게 보내셨어요?"

이 한마디가 리트머스 시험지가 된다. 사무적으로 짧게 대답한다면 뭔가 마음에 걸리는 일이 있는 것이다. 그때는 조심스럽게 심기를 살피며 코칭을 진행해야 한다. 무턱대고 지적을 하다가는 마음을 닫게 된다. 칭찬을 통해 기분을 풀어주고 적당한 양의 정보만 정확히 전달하는 편이 지혜롭다.

그 중심에 눈치가 있다. 오랫동안 일대일 코칭을 진행하며 다양한 케이스를 경험했고, 임상실험을 거쳐 내 눈치 능력도 점차 향상되었다. 좀 과장되게 말해서 이제는 코칭할 공간에 문을 열고 들어서는 순간 분위기가 파악된다. 내게 마음을 연 기업 임원들이 부부싸움에 대한 상담을 청해오는 경우도 흔하다. 다 눈치 덕분이다.

훈련 없이는 눈치를 키울 수 없다

|

앞으로 우리는 그동안 경험해보지 못한 다양한 커뮤니케이션 상황을 맞이할 것이다. 실시간 영상 프로그램 Zoom을 처음 시도하던 순간을 아직도 잊지 못한다. 오랫동안 강의를 해온 전문가인데도 쑥스럽고 어색했다. 이럴 때일수록 다양한 상황을 시뮬레이션하고 어떻게 대처하는 것이 효과적인지 상상하는 것이 필요하다. 눈치라는 것은 그런 훈련 속에서 자연스럽게 개발된다.

방송인 중 눈치가 빠른 사람을 꼽으라고 한다면 신동엽 씨를 들고 싶다. 그는 본인이 주도적으로 웃기는 스타일이 아니다. 눈치를 보다가 다른 사람이 한 말이나 행동 등에 절묘한 추임새를

넣어 웃음을 선사하는 독특한 스타일이다.

그가 어떤 프로그램에서 자신이 눈치가 빠른 이유를 이야기한 적이 있다. 어린 시절, 부모님의 상황이 여의치 않아 학교 행사에 참석이 어려웠다고 한다. 그래서 다른 친구의 가족과 어울리는 시간이 많았다. 친구의 부모님과 함께 자리를 하다 보니 거기서 자연스럽게 어른을 대하는 요령을 하나씩 습득하게 되었다고 한다. 친구 부모님의 마음에 들기 위해 애를 쓴 결과였다. 그런 태도는 습관처럼 굳어졌고, 이후에도 상황을 파악하는 능력과 상대의 감정과 기분을 이해하는 감수성이 발달하게 되었다.

사냥과 채집이 그랬듯이, 눈치를 키울 때도 경험을 단순히 축적하는 것만으로는 효율이 떨어진다. 정확한 지식을 바탕으로 경험을 통해 꾸준히 보수하고 완성해나갈 때 기술은 완성된다. 어떤 기술이든 단박에 습득할 수 없으며, 기계적인 반복 학습으로는 깊이를 만들어낼 수 없다.

'눈치 매트릭스'로 상황 읽기

우리가 처한 복잡한 상황을 일률적으로 분류할 수는 없겠지만, 기본 원칙이 있다면 다양한 상황에 대처하는 데 분명 도움이 될 것이다. 내비게이션 실시간 정보의 정교함을 높이기 위해서는 그 배경에 탄탄한 도로지도가 전제되어야 하는 것과 마찬가지다. 다음 페이지에 소개하는 '커뮤니케이션 상황 매트릭스'는 관계 속의 실시간 정보를 수집할 때 참고하면 도움이 될 것이다.

우선 가로축은 상황을 나타낸다. 분위기가 활기를 띠는지, 아니면 가라앉아 있는지를 판단하며 아래 사항들을 척도로 삼는다.

- 그 공간에 웃음이 있는가?
- 대화를 할 때 자주 단절되거나 침묵이 흐르는가?
- 사람들이 대화하지 않고 각자의 일만 하고 있는가(휴대전화를 보는 등)?

공간에 웃음이 있다는 것은 분위기가 좋다는 강력한 신호다. 또 사람들이 각자 자기 일만 하지 않고 대화가 이어진다면 긍정적으로 해석할 수 있다.

세로축은 상대와의 친밀한 정도를 나타낸다. 친밀도를 판단하는 기준은 다음과 같다.

- 최근 일주일간 상대에게 어떤 일이 있었는지 알고 있는가?
- 개인적이고 사적인 이야기를 하고 있는가?

누군가를 만났을 때 친밀한 관계라고 판단하기 위해서는 위의 두 가지 사항이 충족되어야 할 것이다.

이 두 가지 축을 바탕으로 커뮤니케이션의 네 가지 상황을 유추해볼 수 있다.

1. **형식적인 상황:** 그리 친밀하지 않은 사람과 만났으며 분위기가 가라앉은 상황이다. 욕심을 버리고 호감도를 높이는 것이 중요하다. 너무 오버하지 말고 적절한 거리를 유지해야 한다. 서로를 잘 모르는 상황에서 지나치게 꼬치꼬치 물어본다면 결례가 될 수 있다. 그보다는 상대방이 말을 쉽게 꺼낼 수 있는 스몰 토크를 이어가는 것이 좋다. 특히 취미 같은 공통점을 찾아 대화를 이어

나가면 긴장을 푸는 데 도움이 된다. 적절한 제스처와 미소, 그리고 센스 있는 반응으로 호감도를 높여보자.

만약 이것이 비대면 상황이라면 더 어색할 수 있다. 실시간 온라인 강의의 첫날이 대표적인 예가 될 듯하다. 다들 말없이 서로 눈치만 살필 수 있다. 이럴 때는 자기소개를 미리 준비하면 도움이 된다. 역시 성급하게 대화를 이끌려 하기보다 가벼운 주제로 분위기를 풀어내는 것이 바람직하다. 일대일 비대면 만남이라면, 상대방이 어색하고 부담스러워할 것을 배려해 용건을 명료히 짚어주는 것이 좋다. 가벼운 이야기로 시작해 용건을 논의하고 다음 만남을 기약하는 스몰 토크 정도로 마무리하자.

2. 완급 조절 상황: 친밀도는 낮지만 분위가 좋은 상황이다. 이때는 자신감을 갖고 조금쯤 깊이 있는 대화를 시도해보는 것도 좋다. 먼저 자기 이야기를 적절히 노출하는 것이 순서다. 본인의 개인사를 부담스럽지 않은 선에서 들려주어도 나쁘지 않다. 공통의 관심사를 찾았다면 대화가 한층 빠르게 진전될 것이다. 비대면 상황도 다르지 않다. 상대가 기분 좋은 상태라고 느껴진다면, 그 이유를 슬쩍 물어보라. 본인 입으로 이야기를 하면서 기분 좋은 상황을 다시 떠올리게 되고 유쾌한 분위기가 지속될 수 있다. 상대가 내켜한다면 더 긴 시간 동안 다양한 주제를 가지고 이야기해보는 것도 좋다.

3. 미끄러지기 쉬운 상황: 친분이 있는 사이지만 분위기가 좋지 않은 상태다. 차분하게 상황을 파악하는 것이 중요하다. 굳이 묻지 않더라도 왜 분위기가 다운됐는지 파악하는 기술이 필요하다. 개방형 질문을 던지고 상대방이 중심이 되도록 하라. 나는 주로 듣는 위치에 머무는 것이 좋다. 괜히 친하다고 상대방에 대해 아는 척을 하거나 어설픈 조언을 하면 관계에 독이 될 수 있다. 이런 경우 만남이 너무 길어지지 않게 적당한 선에서 마무리하는 것도 요령이다.

비대면 상황도 다르지 않다. 무슨 일이 있는지 개방형 질문으로 물어보고 이야기를 들어주는 것이 중요하다. 상대가 고민이나 문제를 이야기하면 정서적 공감을 해준다. 우선은 듣고 공감하라. 만약 상대가 조언을 구한다면 조심스럽게 의견을 피력하면 된다. 무슨 일이 있는지 물어봤는데 답을 하지 않는다면 용건만 간단히 전하고 마무리하는 것이 좋다. 상대의 고민을 낱낱이 들어야지만 직성이 풀리는 사람이 있다. 특히 친한 사이에서 '나한테 못할 말이 뭐가 있어?' 하는 식으로 밀어붙이는 경우가 있는데 눈치가 없는 사람이다. 최고의 공감은 침묵일 수 있다.

4. 교감이 깊은 상황: 친밀도가 높고 분위기도 좋은 상황이다. 이보다 더 좋을 순 없다. 관계를 업그레이드할 수 있는 좋은 기회다. 감정을 교류하는 것을 넘어 미래를 도모하는 생산적인 이야기를

나눌 수 있다. 자신의 목표와 꿈을 공유하고 상대의 의견을 들어 볼 수도 있을 것이다. 뭔가를 같이 한다면 매끄러운 협업을 기대해도 좋다.

비대면 상황에서도 그동안 미뤘던 깊은 교류의 시간을 오래도록 나눌 수 있다. 단, 분위기에 심취해 너무 오래 붙들고 있으면 상대가 지칠 수 있으니 상대의 말투와 비언어를 관찰해 눈치 있게 행동해야 한다.

내비게이션의 큰 장점 중 하나는 실시간 교통정보를 즉각 반영하여 시뮬레이션해준다는 것이다. 눈치는 우리의 커뮤니케이션에서 정교한 내비게이션의 역할을 한다. 상황과 장소에 따라 필요한 정보를 재빨리 수집하고 적용하며, 경험을 거듭하면서 다양한 데이터를 축적하라. 그 어느 때보다도 리더의 효율적인 커뮤니케이션이 필요한 언택트 시대, 어디서나 민감하고 정확하게 작동하는 눈치 내비게이션을 갖출 수 있을 것이다.

블랙 스완을 바라보는
사장의 자세

블랙 스완. 즉, '검은 백조'를 떠올려보라. 이름 그대로 눈처럼 희고 우아해야 할 새가 칠흑 같이 어두운 검정 깃털을 드리운 모습을.

'블랙 스완'은 '실제로는 존재하지 않는 어떤 것' 또는 '고정관념과 전혀 다른 어떤 상상'이라는 은유적 표현으로 서양 고전에서 사용한 용어였다. 그러다가 17세기 한 생태학자가 실제로 호주에 살고 있는 흑조를 발견함으로써 '도저히 일어날 것 같지 않은 일이 일어나는 것'이라는 의미로 바뀌었다.

월가의 투자전문가 나심 니콜라스 탈레브(Nassim Nicholas Taleb)는 서브프라임 모기지 사태를 예언한 저서 《블랙 스완》을 통해 이 용어를 일반에 널리 알렸다. 그는 설명하기를, 과거의 경험을 통해서는 블랙 스완의 존재 가능성을 결코 알 수 없다고 강조한다.

코로나 이후의 뉴노멀 시대 또한 마찬가지다. 한 번도 상상치 못했던 세상, 그동안 굳건했던 기준과 원칙들이 한순간에 멈추고 뒤바뀐 세상이다. 블랙 스완의 존재가 그렇듯이, 이 시대를 살아가는 방법은 결코 과거의 경험을 통해서는 알 수 없다. 직접 부딪히며 결과로서 맞닥뜨리고 이해해야 하는 것이 언택트 시대이며, 언택트 시대의 커뮤니케이션이다.

이때 필요한 것이 바로 긍정의 시각이라고 나는 생각한다. 최근 모 병원장을 만나 식사를 하며 들은 이야기인데, 동네 의원들 상황이 많이 어렵다고 한다. 코로나19로 병원을 기피하는 경우도 있지만 그동안 유행했던 감기, 식중독 등의 질병이 현저히 줄었기 때문이다. 병원장인 그분도 지금껏 1년에 한두 번은 꼭 감기를 앓았는데 워낙 건강에 신경을 쓰고 조심하다 보니 올해는 감기 없이 한해를 보내고 있다는 것이다. 코로나19로 공장이 멈추고 화석 연료 사용이 줄어들면서 대기 환경의 질이 좋아졌다는 분석 결과도 그와 비슷한 맥락의 이야기다.

코로나19로 인한 또 한 가지 긍정적인 결과는 4차 산업혁명이

가속화될 수 있는 환경이 조성되었다는 점이다. 코로나19로 디지털화를 통한 비대면 커뮤니케이션이 일상화되었고 인공지능 기술이 발달의 속도를 더하고 있다. 4차 산업혁명이 기업에 미치는 흐름은 크게 '스마트 팩토리'와 '디지털 인텔리전스'로 요약된다는 것이 전문가들의 의견이다.

스마트 팩토리는 인간이 아닌 인공지능이 운영하는 효율적 공장 시스템을 말한다. 제품의 설계 및 개발, 제조, 유통, 물류 등의 생산 과정에서 빅데이터를 기반으로 판단하고 자동화된 시스템으로 생산하는 것이다. 디지털 인텔리전스는 급변하는 사회 속에서 기업들이 의사결정을 할 때 인공지능과 빅데이터의 도움을 받는 것이다. 코로나가 오기 전에도 가야 할 방향이었지만 코로나로 인해 그 속도가 더 빨라졌음은 분명하다.

코로나가 불러온 마지막 긍정의 변화로는 '나를 돌아보는 시간을 가질 수 있게 되었다'는 점을 꼽고 싶다. 앞선 두 가지가 거시적 내용이었다면, 이는 미시적이면서도 상당히 중요한 이야기다. 예전에는 정해진 일상 속에서 남들이 형성한 트렌드를 좇으며 살아가는 것이 보통이었다. 하지만 코로나19 이후의 시대에는 나만의 공간에서 자기 자신과 마주할 시간이 확보된다. 내가 어떤 사람인지 돌아보고 스스로 묻게 된 것이다. 나의 취미와 성향, 나의 미래를 생각하고 여기에 온전히 집중할 수 있게 되었다.

그런 점에서 언택트 커뮤니케이션의 시대는 '나와 소통하는 시대'라고도 할 수 있을 듯하다. 나를 발견하고, 나를 위해 사용하는 시간이 그만큼 많아졌다.

더불어 관계의 다이어트, 관계 리세팅(resetting)이 가능해졌다. 사람을 사귀는 데 타고난 재주가 있거나, 인간관계가 넓고 다양한 활동을 하는 사람을 가리켜 흔히 마당발이라고 한다. 하지만 제아무리 마당발이라 해도 진정한 인맥에는 한계가 있는 법이다. 문화인류학자 로빈 던바(Robin Dunbar)의 주장에 따르면, 진정한 사회적 관계의 최대치는 150명에 불과하다고 한다. 그동안 우리는 용량 이상의 너무나 많은 사람을 만나왔다. 물론 그 만남을 통해 얻는 것도 있을 테지만 깊이에 한계가 있었음은 사실이리라. 그런데 이번 기회를 통해 우리는 정말 필요한 관계, 정말 원하는 관계를 리세팅할 수 있게 되었다.

이제는 '코로나 때문에'가 아니라 '코로나를 계기로'라는 사고방식이 필요한 때인지도 모르겠다. 변화는 위기가 발생했을 때 이루어진다. 그 위기가 실제인지 아닌지는 중요하지 않다. 변화의 시대에 과거를 회상하고 그리워하기보다 뉴노멀이 말하는 시대정신을 바탕으로 새로운 삶을 꾸려나가야 한다.

향후 더욱 강력한 바이러스가 다시 찾아올 것은 분명하다고 과학자들은 조언한다. 앞으로 또 어떤 위기가 우리의 일상을 불안으로 뒤덮을지 모른다. 그렇기 때문에 우리 삶의 방식과 태도를 선제적으로 바꾸는 것이 중요하다. 바로 그 힘이, 앞으로 마주할 어떤 혼돈의 시기에도 앞으로 나아갈 수 있도록 우리를 지지해줄 것이다.

사장을 위한 언택트 시대의 커뮤니케이션

초판 1쇄 발행 2020년 9월 28일
지은이 김은성
펴낸이 정덕식, 김재현
펴낸곳 (주)센시오

출판등록 2009년 10월 14일 제300-2009-126호
주소 서울특별시 마포구 성암로 189, 1711호
전화 02-734-0981
팩스 02-333-0081
메일 sensio0981@gmail.com

기획·편집 이미순, 김민정
외부편집 임성은
경영지원 김미라
홍보마케팅 이종문, 강수완, 허성권
디자인 Design IF
표지 사진 박정민

ISBN 979-11-90356-80-0 03320

이 도서의 국립중앙도서관 출판예정도서목록(CIP)은 서지정보유통지원시스템 홈페이지(http://seoji.nl.go.kr)와
국가자료공동목록시스템(http://www.nl.go.kr/kolisnet)에서 이용하실 수 있습니다. (CIP제어번호 : CIP2020036536)

잘못된 책은 구입하신 곳에서 바꾸어드립니다.